遺言書作成提案と遺産分割の工夫による相続税対策

山本 和義 著

一般財団法人 大蔵財務協会

はじめに

　遺言書が残されていた場合のメリットとして、一般的には遺産争いの防止の効果について強調されています。しかし、相続税の申告期限までに分割協議が調わなかった場合には、農地等についての相続税の納税猶予や非上場株式等についての相続税の納税猶予などは適用を受けることができません。また、小規模宅地等の特例のうち、特定事業用宅地等についての適用も、被相続人の事業を相続税の申告期限までに承継することが要件の一つとされていることから、相続税の申告期限後に遺産分割協議が調っても、特定事業用宅地等としての特例の適用を受けることができません。

　遺言書が残されていると「遺言相続」が優先され、仮に遺留分の侵害がある内容の遺言書によって遺留分侵害額の請求があっても、平成30年の民法改正によって遺留分減殺請求権から遺留分侵害額請求権に改正されたことから、遺産が共有状態に戻ることはありません。

　それらのことから、相続税法等の特例の適用を選択するために、その特例を受けることができる内容の遺言書の作成については、税理士は積極的に関わらざるを得ないと考えます。

　相続対策は、生前に長い時間をかけて行うことが理想ですが、結果として何らの対策もできないままに相続が開始してしまうことも珍しくありません。

　しかし、日本の相続税は、法定相続分による遺産取得課税方式とされていることから、被相続人が所有していた財産を、相続人等が何をいくら相続したのかによって、相続財産の評価方法などが異なることになります。

　そのことから、相続開始後においても遺産分割を工夫することで、相続税法の特例や財産評価について有利な方法を選択することが可能です。

また、相続人に配偶者がいる場合には、配偶者の税額軽減を活用して、相続税の納税を先送りすることができます。また、配偶者が、何を、いくら相続するかによって第二次相続の相続税が異なることになります。

　遺産分割に当たっては、第二次相続までの通算相続税の軽減を考慮したものであることが望ましいと考えます。しかし、配偶者の老後生活の安定を重視した遺産分割も優先されるべきと考えます。

　そこで、第一章では、相続対策に欠かせない遺言書の作成提案について、第二章では、遺産分割や特例選択の工夫による相続税の軽減対策について解説することとします。

　なお、設例などの数値は、解説の内容を理解しやすいように、金額の単位は万円とし、計算においては万円未満の金額は原則として四捨五入して表示していますので、一定の誤差が生じることについてご了承ください。

　また、文中意見にわたる部分は私見ですので、念のため申し添えます。

令和6年11月

税理士　山本　和義

凡　例

相法………相続税法

所法………所得税法

措法………租税特別措置法

相令………相続税法施行令

措令………相続特別措置法施行令

相基通……相続税法基本通達

評基通……財産評価基本通達

所基通……所得税基本通達

措通………租税特別措置法通達

本書は令和6年10月1日現在の法令・通達によっています。

目　次

第1章　遺言書の作成提案

1　自筆証書遺言作成の増加と実務対応 ……………………… 3
　　コラム　遺言書の撤回 ……………………………………… 6
　　コラム　「予備的遺言」又は「補充遺贈」について ……… 6
　　コラム　遺言に付言事項を記載しておく ………………… 7
　　コラム　遺言書に遺留分侵害額の請求の順序を指定しておく … 8
2　遺言書が残されていた場合に期待される効果 …………… 9
3　相続税の納税猶予 ……………………………………………15
4　後継者の議決権確保 …………………………………………21
5　未分割遺産から生じる賃料債権の帰属 ……………………24
6　遺留分算定基礎財産 …………………………………………27
7　遺言書と小規模宅地等の特例 ………………………………30
8　その他の税制上の特例の適用 ………………………………34
9　相続人不存在への対応が可能に ……………………………38
10　遺言書による生命保険金の受取人変更 ……………………40
　　コラム　遺言書の検認と検索 ………………………………42

第2章　遺産分割の工夫による相続税の軽減対策

1　相続の放棄 ……………………………………………………49
　　コラム　遺留分算定基礎財産の取扱い ……………………51
2　配偶者の税額軽減 ……………………………………………60
3　小規模宅地等の特例 …………………………………………71

|コラム| 相続開始前3年以内に貸付けの形態が変わった場合の貸付事業用宅地等 …………………………………………… 83
|コラム| 生前対策 …………………………………………………………… 84
4 地積規模の大きな宅地 …………………………………………… 86
5 同族株主等以外の株主による自社株の取得 …………………… 91
6 相続人が未成年者又は障害者である場合 ……………………… 100
7 死亡退職金 ………………………………………………………… 102
8 正味財産が相続税の基礎控除額以下であっても相続税が課されることもある ……………………………………………………… 107
9 限定承認を選択する ……………………………………………… 111
10 相続人の所得税の軽減 …………………………………………… 116
11 配偶者の相続割合のあん分調整を工夫する …………………… 122
12 物納 ………………………………………………………………… 125

第1章

遺言書の作成提案

　相続税の申告などにおいて、相続税法の特例の適用を受けることで相続税を大きく軽減させることができます。しかし、遺産分割協議が不調に終わると相続税法の特例の適用を受けることができなくなることがあります。そのことから、遺言書作成について、税理士は積極的に関わらざるを得ないと考えます。
　そこで、この章では、相続対策で欠かせない遺言書の作成提案について、解説します。

1　自筆証書遺言作成の増加と実務対応

(1)　自筆証書遺言に関する要件等の緩和

　平成30年の民法等の改正において、自筆証書遺言についての方式緩和や法務局での保管制度が開始され、自筆証書遺言のデメリットの大半をカバーする内容になっています。具体的な内容は以下のとおりです。

① 　自書でない財産目録を添付して自筆証書遺言を作成できるようになりました。

　　高齢者が遺言書を自筆証書によって作成しようとする場合、遺言書本文だけ自書し作成することができ、負担が大幅に軽減されます。

　　自筆証書遺言の方式の緩和については、平成31年1月13日から施行されています。

② 　自筆証書遺言は、令和2年7月10日から法務局で保管制度が開始しています。

　　自筆証書遺言を法務局に保管してもらうことで、遺言書の改ざんや紛失リスクの回避、相続開始後の検認手続省略可など、自筆証書遺言のデメリットが解消されます。

(2)　遺言の必要性が特に強いと思われる場合

　一般的に言えば、ほとんどの場合において、遺言者が、自分のおかれた状況や家族関係をよく頭に入れて、それにふさわしい形で財産を承継させるように遺言をしておくことが、遺産争いを予防するため、また後に残された者が困らないために、必要なことであると言ってよいと思います。ただし、下記のような場合には、遺言をしておく必要性がとりわけ強く認められる、といえましょう。

　　イ　子がなく、配偶者と兄弟姉妹が相続人となる（兄弟姉妹には遺留
　　　　分が認められていないので、遺言書どおり相続させることができ

る）
- ロ　先妻の子と後妻（子がいる場合を含む）がいる
- ハ　子の中で特別に財産を多く与えたい者がいる、又は財産を与えたくない子がいる
- ニ　相続人が国外に居住していて、国内に不動産を所有し国内に居住する相続人に相続させたい（相続による移転登記がスムーズに行える）
- ホ　相続権のない子の配偶者、孫や兄弟姉妹などに遺産を与えたい
- ヘ　会社オーナーが後継者へ自社株を確実に相続させたい
- ト　内縁の妻や認知した子がいる
- チ　生前世話になった第三者に財産の一部を渡したい
- リ　財産を公益事業に寄附したい
- ヌ　銀行借入金等で賃貸住宅等を建築し、賃貸料で借入金の返済をしている（遺言書が残されていないと賃料収入は、遺産分割協議が調うまでの間、相続人の法定相続分によってそれぞれに帰属することになる）

　　(注)　第一次相続（例えば父の相続）で遺産争いがあった場合には、第二次相続（母の相続）でもスムーズな遺産分割協議ができない事例が多いことから、遺言書を残しておくことは必須と考えられます。

(3) 争族防止のための遺言書作成時のポイント10か条

遺言書を作成する場合、争いに発展しないよう留意して作成する必要があります。遺産争いに発展しない遺言書の作成のポイントを以下に掲げます。

> **第1条**　特定遺贈により作成し、全ての財産について遺言する（金融資産を換金して相続させる場合を除き、複数人に割合的に財産を相続させる遺言はできるだけ避ける）

第2条　分割困難な不動産や支配権に影響する自社株は、相続後に利害が対立することがないように付言事項なども記載した遺言にする

第3条　未登記や共有の不動産、固定資産税等が非課税となっている不動産等について遺言書に記載漏れのないように注意する

第4条　遺言書を書き換える場合には、従前の遺言書を撤回する旨を記載し、あらためて全ての遺産について遺言する

第5条　受遺者が遺贈の効力発生前に死亡した時に備えて、前記財産を誰に遺贈するかを記載しておく（これを補充遺贈といいます）

第6条　遺言執行者を定めておき、預貯金や金融商品の解約権限や解約金の受領権限、貸金庫の開扉権限などを付与しておく

第7条　推定相続人に対して遺言する場合には、「相続させる」と記載する

第8条　「財産」に関する遺言だけでなく、「お墓や祖先の供養」及び「父母の扶養介護」についても遺言しておく

第9条　安全確実な公正証書による遺言書作成が望ましい

第10条　遺留分に配慮した遺言書を作成することが望ましい

> **コラム** **遺言書の撤回**
>
> 　遺言書を撤回する方法として、遺言書を破棄することが直接的で最も簡単なものです。しかし、公正証書遺言は原本が公証役場に保管されているため、手許にある遺言公正証書謄本や正本を破棄しても遺言の撤回に当たりません。公正証書遺言は公証人法25条によって公証人の作成した証書の原本は原則として役場外へ持ち出しすることを禁じています。そのため、遺言者が公証役場に行って自らの作成した遺言公正証書の保管の撤回を求めることができません（法務局で保管してもらっている自筆証書遺言の場合には、保管の撤回ができますので、その遺言書を破棄すれば遺言の撤回ができます。）。
>
> 　遺言書の撤回方法の一つとして、新たに遺言をして、その遺言書の中で前の遺言を撤回すると表明する方法があります。直接で最も明確な方法です。撤回の意思を争われる恐れもありますので、後の遺言は公正証書のような、より厳格な方法ですることをおすすめします。

> **コラム** **「予備的遺言」又は「補充遺贈」について**
>
> 　配偶者と兄弟姉妹の相続の場合で、すべての財産を配偶者に相続させたいと思う場合には、「妻（夫）○○にすべての財産を相続させる」とする内容を記載するだけで、自筆証書遺言書の作成が可能であることから、高齢者であっても無理なく遺言書を残すことができると思います。この場合、夫婦のいずれが先に相続が発生するか分からないのでお互いが遺言書を作成しておくことが大切です。
>
> 　なお、相続人や受遺者が、遺言者の死亡以前に死亡した場合、（以前とは、遺言者より先に死亡した場合だけでなく、遺言者と同時に死亡した場合も含みます。）、死亡した者の遺言の当該部分は失効してしまいます。そのため、受遺者の相続人が代襲相続することはなく、遺言者の相続人が相続することになります。したがって、そのような心配があるときは、予備的に、たとえば、「もし、妻が遺言者の死亡以前に死亡した

ときは、その財産を○○に遺贈する。」と書いておくようにしましょう。これを「予備的遺言」又は「補充遺贈」といいます。

【記載例】
第1条　遺言者は、その有する次の不動産を遺言者の妻○○○に相続させる。
　　⋮
第10条　遺言者は、遺言者と同時又は遺言者よりも先に上記妻○○○が死亡したときは、次のとおり相続させる。
　　①　第1条に記載した財産は、長男△△△に相続させる。

コラム　遺言に付言事項を記載しておく

　付言事項とは、遺産の処分などの法律行為以外のことで言い残したいことなどを遺言書に書くことです。付言事項そのものに法的な効力はありませんが、遺言者の気持ちを相続人に伝えることができるので、相続人等の紛争を回避し、遺言の円滑な実現を図る上で意義があり有益といわれています。

　例えば、法定相続分と大幅に異なる（遺留分侵害のおそれのある）遺言をするに至った動機（例えば、寄与度、扶助・扶養の努力、生前贈与等）をできるだけ具体的に記載して、遺留分権利者の納得を得られるようにし、遺留分侵害額の請求をされないようにするということです。

　また、遺留分権利者への特別受益の内容を記載しておくことで、遺留分侵害額の計算が明確になり争いを未然に防ぐことが期待されます。

　遺留分権利者の悪口などを付言事項に記載することは、かえってトラブルの原因となるので控えるようにしましょう。

　さらに、遺留分の放棄の許可を受けている相続人がいる場合には、許可通知書は、遺留分の放棄をした者にだけ通知されますので、他の相続人が確認できるように家庭裁判所からの遺留分許可通知書の年月日や事件番号を記載しておくことが肝要です。

> **コラム** **遺言書に遺留分侵害額の請求の順序を指定しておく**
>
> 　遺言を活用した遺留分対策として、財産を相続（遺贈）させる人が複数いる場合には、遺留分侵害額の請求の分担関係の認定が難しくなりますので、遺留分侵害額の順序の指定を遺言でしておくことが考えられます（民法1047）。
> 　例えば、受遺者が複数あるとき、又は受贈者が複数ある場合には、その贈与が同時にされたものであるときは、指定の相続人等に相続又は遺贈させるべき財産から請求すべき旨を遺言書に記載することができます。
> 　しかし、受遺者と受贈者とがあるときは、受遺者が先に負担する（民法1047①一）とされ、受贈者が複数あるときは、後の贈与に係る受贈者から順次前の贈与に係る受贈者が負担する（民法1047①三）とされていて、遺言者による別段の意思による指定はできません。

2 遺言書が残されていた場合に期待される効果

まず、最初に遺言書が残されていた場合に、期待される主な効果について確認します。

(1) 相続争いの防止

遺言が残されていた場合には、遺言相続が法定相続に優先します。被相続人が遺言書で遺産の引き継ぎについて定めていない場合に、はじめて民法の法定相続の規定が登場し、法定相続は補充的なものだと考えられます。

遺言書による相続も、法定相続も、民法が人の死亡による財産の承継について定めたルールですが、民法の原則（私的自治の原則）が強く意識されて、遺産の所有者が遺言書で自由に自分の財産を処分できるようにしています。ただし、相続には遺族の生活保障といった面から遺留分制度も設けられています。

有効な遺言書で、遺留分に配慮されたものであれば遺言者の遺志に従って遺産を相続させることができます。相続争いにならないよう遺言書を残しておくようにしたいものです。

	遺言書がない場合	遺言書がある場合
権利義務の承継	一切の権利義務を包括的に相続人が承継	被相続人の遺志が優先され、遺産分割協議を経ることなく、指定された者が指定された財産を取得する
相続財産	共同相続人全員の共有財産	
相続財産の取得者	遺産分割協議によって決める	
その他	分割協議が調うまでの間は、①財産自体を処分・換金等できないが、相続分に応じた権利は譲渡できる、②賃料収入などは、相続人が相続分に応じて取得することになる	遺留分の侵害がある場合、遺留分権利者から遺留分侵害額の請求を受けることがある

(2) 相続手続をスムーズに進めることができる

① 相続人が海外居住している場合

　遺言書が残されていない場合には、遺産分割協議によって相続手続が進められます。被相続人の不動産を、遺産分割協議書を用いて相続人へ相続登記をしようとする場合には、相続人が遺産分割協議書に署名と実印を押印し、かつ、印鑑証明書の添付が必要とされています。しかし、海外に居住している大半の相続人は、印鑑証明書を添付することができません。

　この場合、海外にいる相続人は、印鑑証明書の代わりに日本領事館等の在外公館に出向いて、領事の面前で遺産分割協議書に署名（サイン）を行い、遺産分割協議書に相続人が署名した旨の証明（サイン証明）をもらい、このサイン証明を遺産分割協議書に添付することで対応します。

　また、不動産の登記申請に必要とされる住民票の代わりに、住所を証明する書類として「在留証明書」を添付します。この在留証明書は、現地の日本領事館にパスポートや運転免許証といった現住所

にいつから居住しているのかを証明できる書類を提示することによって申請・取得することができます。

　以上のことから、遺言書が残されていて遺言執行者が指定されていれば、遺言執行者は相続財産の管理その他遺言の執行に必要な一切の行為をする権利義務を有しますので、海外に居住している相続人の面倒な手続が省略できます。

② **遺産整理業務**

　相続財産のうち土地及び家屋の占める割合が高い事例では、相続発生後の相続税の納税対策で「不動産の物納」の選択・検討は避けて通ることができません。その場合、「不動産の物納」以外にも、相続した不動産の処分・活用等のコンサルティングは重要な課題と考えます。不動産の処分・活用等にあたっては、不動産に関する法律や税務についての理解が不可欠で、専門家の力を必要とするところです。

　遺言書で遺言執行者の定めがあれば、原則として預貯金等の解約など遺言執行に必要なことを相続人の同意や印鑑等がなくても行うことができます。

　遺言書で遺言執行者の定めがないと、被相続人名義の預貯金や株式等の名義変更では、原則として金融機関所定の書類に相続人全員の署名が求められます。その場合、金融機関によっては氏名だけの自書では手続することができず、住所その他の項目についても本人がすべての箇所に自書しなければならないところもあり、高齢の相続人にとっては金融機関の数が多いと大変なご苦労をおかけすることになります。

(3) 不動産の相続手続が容易になる

遺言書が残されていると、不動産の相続手続が容易になります。

① 相続させる遺言

遺言書に、以下のような記載があるとします。

> 第○条　遺言者は末尾記載の不動産を長男である○○に**相続させる**。

この場合、その不動産は相続人がその遺言書によって相続登記(注)することができます。

(注)　相続登記とは、不動産の所有者が亡くなった場合に、その不動産の登記名義を被相続人から相続人へ名義の変更を行うことをいいます。

これは、特定の遺産を特定の相続人に「相続させる」旨の遺言では、何らの行為を要せずして、被相続人の死亡の時に直ちに承継される（最高裁：平成3年4月19日判決）からです。

最高裁（平成3年4月19日判決）
【判決要旨】
一　特定の遺産を特定の相続人に「相続させる」趣旨の遺言は、遺言書の記載から、その趣旨が遺贈であることが明らかであるか又は遺贈と解すべき特段の事情のない限り、当該遺産を当該相続人をして単独で相続させる遺産分割の方法が指定されたものと解すべきである。
二　特定の遺産を特定の相続人に「相続させる」趣旨の遺言があった場合には、当該遺言において相続による承継を当該相続人の意思表示にかからせたなどの特段の事情のない限り、何らの行為を要せずして、当該遺産は、被相続人の死亡の時に直ちに相続により承継される。

② 遺贈する遺言

次に、以下のような遺言書の場合には、遺言書に遺言執行者の定めがないと相続登記ができない場合も生じます。

> 第〇条　遺言者は末尾記載の不動産を長男の孫である〇〇に**遺贈する**。

遺言執行者がいない場合の遺贈の登記は、受遺者（遺産を受ける側）を登記権利者、相続人全員を登記義務者として行われるのが通常です。

そのため、相続人の中に登記に協力してもらえない人がいると相続登記ができないことになります。

しかし、遺言執行者がある場合には、遺贈の履行は、遺言執行者のみで行うことができます。遺言執行者は相続人や受贈者の関与なく、**登記権利者兼義務者の立場**でその登記を行うことができます。

なお、令和3年の不動産登記法改正により、相続人に対する不動産の遺贈による名義変更は、不動産の遺贈を受ける者が単独で申請することができる旨に改正されました。この改正は、令和5年4月1日から施行されています。

(4) 子がいない夫婦の場合

相続が第三順位の相続（配偶者と兄弟姉妹）の場合には、遺言書を残しておけば兄弟姉妹には遺留分が認められていないことから、遺言書どおり相続させることができます。

そのため、夫婦はそれぞれ遺言書を作成しておくことが肝要です。たとえば、夫から妻へすべての財産を妻に相続させる旨の遺言書を作成しておけば、妻が遺言によってすべての財産を取得することができます。その場合、妻が先に亡くなったときに備えて、補充遺贈（妻に相続させ

るとしている財産は、○○に遺贈する。）しておき、また受遺者が遺贈の放棄をした場合にも対応できるような遺言書（例えば、遺贈の放棄があった場合には、○○市に寄附する。）にしておかなければなりません。

　また、妻の遺言書では、夫が親から相続した不動産は、夫の血縁者（例えば、甥や姪）に遺贈し、金融資産は市町村などへ寄附をする旨の遺言書を作成されることが少なくありません。

　遺言書がないと妻は、夫の兄弟姉妹と遺産分割協議を行うことになり、金銭的な負担だけでなく、精神的な負担も重くのしかかることになります。

　遺産分割協議が調わない場合には、被相続人の預貯金等が凍結され、日々の生活にも支障が生じることもあります。また、相続税の申告においても、申告期限までに遺産分割協議が調わない場合には、配偶者の税額軽減の適用を受けることができないため、多額の納税を強いられることにもなりかねません。

設　例

1　**被相続人**　夫（令和6年3月死亡）
2　**相続人**　妻、夫の兄弟姉妹（兄・弟・姉・妹）
3　**相続財産**　2億円
4　**遺言書の有無**
　①　あり　すべて妻に相続させる
　②　なし　遺産分割協議となり、法定相続分どおり相続する

5 相続税の計算

(単位:万円)

	遺言書あり	遺産分割協議(法定相続分どおり相続する)				
	妻	妻	兄	弟	姉	妹
課税価格	20,000	15,000	1,250	1,250	1,250	1,250
相続税の総額	3,424	3,424				
各人の算出税額	3,424	2,568	214	214	214	214
相続税の二割加算	―	―	43	43	43	43
配偶者の税額軽減(注)	△2,739	△2,568	―	―	―	―
納付税額	685	0	257	257	257	257
合計税額	685	1,028				

(注) 遺言書がある場合の配偶者の税額軽減は、3,424万円×16,000万円(≧20,000万円×3/4)/20,000万円=2,739万円となります。

3 相続税の納税猶予

(1) 非上場株式等についての相続税の納税猶予

　非上場株式等についての相続税の納税猶予を受けようとする場合には、贈与税の納税猶予から相続税の納税猶予に切り替えるときを除き、都道府県知事に対して相続開始の日の翌日から8か月以内に認定申請書を提出しなければならないとされています。認定申請書には、その株式等を誰が相続するのかが決まっていることを示す書面、すなわち、遺産分割協議書又は遺言書の添付が必要とされています。

　そのため、相続人間での遺産分割協議が調わなかった場合には、非上

場株式等についての相続税の納税猶予の適用を受けることができなくなります。

● 分割協議が調わなかった場合の問題点

① 後継者が5か月以内に代表者に就任しなければならない　→　役員変更登記に支障がでる
② 8か月以内に都道府県知事に相続税の納税猶予の認定申請しなければならない　→　申請書に分割協議書を添付できない

設　例

1　**被相続人**　父（令和6年3月死亡）
2　**相続人**　長男（A社代表取締役）、二男、長女
3　**父の相続財産**
　A社株式（600株）　12,000万円
　その他の財産　　　24,000万円

　A社の発行済株式総数は1,000株で、株主は父600株及び長男400株となっている。父は、長男にA社を承継させたいと考えていたが、遺言書を残していなかった。遺産分割協議が紛糾し、相続税の申告期限までに遺産分割協議が調わなかったため、相続税の納税猶予の適用を受けることができなかった。
　（分割協議が調って相続税の納税猶予の適用を受けることができる場合には、A社株式は長男が相続し、その他の財産は長男・二男及び長女がそれぞれ1/3ずつ相続するものと仮定する。）

4　相続税の計算

（単位：万円）

	分割協議が調わなかった場合			分割協議が調って納税猶予の適用を受ける場合		
	長男	二男	長女	長男	二男	長女
A社株式	4,000	4,000	4,000	12,000	－	－
その他の財産	8,000	8,000	8,000	8,000	8,000	8,000
課税価格	12,000	12,000	12,000	20,000	8,000	8,000
相続税の総額	7,380			7,380		
各人の算出税額	2,460	2,460	2,460	4,100	1,640	1,640
特例株式等納税猶予税額	－	－	－	(注)△2,083	－	－
納付税額	2,460	2,460	2,460	2,017	1,640	1,640

(注)　（12,000万円＋8,000万円＋8,000万円）－4,800万円＝23,200万円（課税遺産総額）→　4,860万円（相続税の総額）

長男の相続税（納税猶予税額）4,860万円×（12,000万円÷28,000万円）＝2,083万円

● 非上場株式等についての相続税の納税猶予の適用件数

年度	人員(人)	金額(百万円)	年度	人員(人)	金額(百万円)	人員(人)	金額(百万円)
	株式等			株式等		特例株式等	
平成21年度	146	4,312	平成30年度	41	2,560	481	29,431
平成22年度	80	4,086	令和元年度	43	1,026	397	95,494
平成23年度	51	2,227	令和2年度	33	637	426	40,985
平成24年度	81	6,693	令和3年度	25	1,252	443	87,854
平成25年度	110	6,700	令和4年度	32	1,381	463	56,515
平成26年度	127	6,413					
平成27年度	224	14,813					
平成28年度	194	9,865					
平成29年度	230	15,333					

(出典:国税庁統計資料)

(2) 農地等についての相続税の納税猶予

① 制度の概要

　　農業を営んでいた被相続人又は特定貸付け等を行っていた被相続人から一定の相続人が一定の農地等を相続や遺贈によって取得し、農業を営む場合又は特定貸付け等を行う場合には、一定の要件の下にその取得した農地等の価額のうち農業投資価格による価額を超える部分に対応する相続税額は、その取得した農地等について相続人が農業の継続又は特定貸付け等を行っている場合に限り、その納税が猶予されます（猶予される相続税額を「農地等納税猶予税額」といいます。)。

② 特例を受けるための要件

　この特例を受けることができるのは、次の要件に該当する場合です。

1) 被相続人の要件

　次のいずれかに該当する人であること。

　イ　死亡の日まで農業を営んでいた人

　ロ　農地等の生前一括贈与をした人

　　　死亡の日まで受贈者が贈与税の納税猶予又は納期限の延長の特例の適用を受けていた場合に限られます。

　ハ　死亡の日まで相続税の納税猶予の適用を受けていた農業相続人又は農地等の生前一括贈与の適用を受けていた受贈者で、障害、疾病などの事由により自己の農業の用に供することが困難な状態であるため賃借権等の設定による貸付け（以下「営農困難時貸付け」といいます。）をし、税務署長に届出をした人

　ニ　死亡の日まで特定貸付け等を行っていた人

2) 農業相続人の要件

　被相続人の相続人で、次のいずれかに該当する人であること。

　イ　<u>相続税の申告期限までに農業経営を開始し</u>、その後も引き続き農業経営を行うと認められる人

　ロ　農地等の生前一括贈与の特例の適用を受けた受贈者で、特例付加年金又は経営移譲年金の支給を受けるためその推定相続人の１人に対し農地等について使用貸借による権利を設定して、農業経営を移譲し、税務署長に届出をした人

　　　贈与者の死亡の日後も引き続いてその推定相続人が農業経営を行うものに限ります。

　ハ　農地等の生前一括贈与の特例の適用を受けた受贈者で、営農困難時貸付けをし、税務署長に届出をした人

　　　　　贈与者の死亡の日後も引き続いて賃借権等の設定による貸付けを行うものに限ります。
　　ニ　相続税の申告期限までに特定貸付け等を行った人（農地等の生前一括贈与の特例の適用を受けた受贈者である場合には相続税の申告期限において特定貸付け等を行っている人）

③　特例を受けるための手続

　相続税の申告書に所定の事項を記載し期限内に提出するとともに、農地等納税猶予税額及び利子税の額に見合う担保を提供することが必要です。申告書には相続税の納税猶予に関する適格者証明書や担保関係書類など一定の書類を添付することが必要です。
　適格者証明願いは、相続税の納税猶予の特例の適用を受けようとする人が、相続により取得した農地及び採草放牧地の所在地の市町村の農業委員会に提出します。
　農業委員会は、月1回の総会で判定される所が多く、提出書類の内容及び締切日は事前に確認しておくことが大切です。また、実地調査があり、証明書発行手続そのものにも日数がかかります。さらに、市役所へ申請する「納税猶予の特例適用の農地等該当証明書」の証明願いには、概ね1週間から2週間程度の期間がかかります。
　そのため、相続税の申告期限より2か月くらいは余裕をもって農業委員会へ証明願いを提出することが望ましいです。

　農地等についての相続税の納税猶予制度は、平成5年は7,491人（3,841億6,400万円）、平成10年は6,086人（2,492億3,400万円）、平成15年には4,104人（1,107億6,100万円）の適用状況にありましたが、その後、年々減少傾向にあります。

● 農地等についての相続税の納税猶予適用状況

相続開始年	相続人の数	金　額	相続開始年	相続人の数	金　額
平成21年	2,301人	585億1,900万円	平成28年	1,714人	412億0,000万円
平成22年	2,190人	561億7,900万円	平成29年	1,644人	404億0,500万円
平成23年	2,047人	511億6,500万円	平成30年	1,461人	466億5,900万円
平成24年	1,880人	535億5,100万円	令和元年	1,317人	371億3,700万円
平成25年	1,688人	476億2,300万円	令和2年	1,363人	456億6,700万円
平成26年	1,522人	440億8,600万円	令和3年	1,375人	450億9,800万円
平成27年	1,840人	439億6,900万円	令和4年	1,337人	522億3600万円

（出典：国税庁統計資料）

4　後継者の議決権確保

　以下のA社のような株主構成の場合、被相続人が考える後継者以外の者が経営権を握ることになるかもしれません。

【A社の概要】
① 発行済株式総数　1,000株（すべて普通株式で1株1個の議決権）
② 株主構成　父（被相続人）600株、長男（後継予定者）400株
　なお、父の相続人は、長男、二男及び長女の3名。

　被相続人である父の遺産分割協議が紛糾しA社株式の分割協議が調わ

ない場合、未分割状態の株式は準共有状態にあるため、会社法106条により、株式についての権利を行使するためには、権利を行使する者を1人定め、その氏名をその会社に通知することが必要で、これをしなければ、その会社がその権利を行使することに同意した場合を除き、その株式についての権利を行使することができません。

　この場合、準共有状態にある株式600株の議決権の行使について、相続人の3人がそれぞれ1／3ずつ持分を有していることから、準共有状態にあるA社株式600株についてこの3人のうち2人が合意すれば、過半数をもって議決権を行使する者を選任することができます（平成9年1月28日、平成27年2月19日最高裁判決）。そのため、二男及び長女が合意してA社株式の議決権を行使する者を二男と定め、A社に通知すれば、二男が600株の議決権を行使することができます。その結果、長男が有する議決権数を上回ることになり、二男又は長女が会社の経営権を握ることができます。

　また、「会社法106条ただし書きは、準共有状態にある株式の準共有者間において議決権の行使に関する協議が行われ、意思統一が図られている場合にのみ、権利行使者の指定及び通知の手続を欠いていても、会社の同意を要件として権利行使を認めたものと解するのが相当であるところ、準共有者間において準共有株式の議決権行使について何ら協議が行われておらず、意思統一も図られていない場合には、会社の同意があっても、準共有者の1名が代理人によって準共有株式について議決権の行使をすることはできず、準共有株式による議決権の行使は不適法と解すべきである。」（平成24年11月28地に東京高裁判決要旨）とする判決の控訴審（平成27年2月19日最高裁判決）においてもその判断が支持されています。

以上のことから、父が長男へ事業を承継させたいと考える場合には、生前贈与によってＡ社株式の過半数を贈与しておくか、遺言書によって長男がＡ社株式を相続することができるようにしておかなければなりません。そうすることで、非上場株式等についての納税猶予の適用を受けることができ、スムースな事業承継に役立ちます。

　また、遺言書が残されていれば、遺留分の請求が行われたとしても、令和元年7月1日以後に開始した相続から、遺留分減殺請求権（形成権）を、遺留分侵害額請求権（財産権）に変更することとされたことから、株式等が準共有状態に戻ることはありません。

最高裁（平成9年1月28日判決）
【要旨】
　持分の準共有者間において権利行使者を定めるに当たっては、持分の価格に従いその過半数をもってこれを決することができるものと解するのが相当である。けだし、準共有者の全員が一致しなければ権利行使者を指定することができないとすると、準共有者のうちの一人でも反対すれば全員の社員権の行使が不可能となるのみならず、会社の運営にも支障を来すおそれがあり、会社の事務処理の便宜を考慮して設けられた規定の趣旨にも反する結果となるからである。

最高裁（平成27年2月19日判決）
【要旨】
　共有に属する株式についての議決権の行使は、当該議決権の行使をもって直ちに株式を処分し、又は株式の内容を変更することになるなど特段の事情のない限り、株式の管理に関する行為として、民法252条本文により、各共有者の持分の価格に従い、その過半数で決せられるものと解するのが相当である。

> **（共有者による権利の行使）**
> **会社法106条**
> 　株式が二以上の者の共有に属するときは、共有者は、当該株式についての権利を行使する者一人を定め、株式会社に対し、その者の氏名又は名称を通知しなければ、当該株式についての権利を行使することができない。ただし、株式会社が当該権利を行使することに同意した場合は、この限りでない。

5　未分割遺産から生じる賃料債権の帰属

　個人で不動産賃貸業を営む者の場合、遺言書を残すことは必須であると考えられます。遺言書が残されていないと、遺産分割協議が調うまでの間の賃料収入は、各相続人の相続分に応じてそれぞれ帰属するとされています。

　そのため、遺産分割協議がますます難しくなってしまいます。

● 　未分割遺産から生じる賃料収入の帰属（最高裁判決：平成17年9月8日）

> 【事案の概要】
> 　亡Aは賃貸不動産をいくつか所有していました。遺産分割協議等により各不動産の帰属が決まるまでは、相続人全員が共同して管理する共同口座に各不動産の賃料を保管し、遺産分割協議により各不動産の帰属が決まった時点で、精算を行うことで暫定的合意が成立していました。
> 　その後、家庭裁判所の審判により各不動産の帰属が確定しました。この場合において、不動産の帰属が確定するまでの間に共同口座に貯められた賃料債権の帰属について争った事案となります。
> 　原審では、遺産から生ずる法定果実は、それ自体は遺産ではないが、遺産の所有権が帰属する者にその果実を取得する権利も帰属するのであ

るから、遺産分割の効力が相続開始の時にさかのぼる以上、遺産分割によって特定の財産を取得した者は、相続開始後に当該財産から生ずる法定果実を取得することができると判断しました。そうすると、本件各不動産から生じた賃料債権は、相続開始の時にさかのぼって、本件遺産分割決定により本件各不動産を取得した各相続人にそれぞれ帰属することとなります。

しかし最高裁判所は、<u>遺産は、相続人が複数人である場合、相続開始から遺産分割までの間、共同相続人の共有に属するものであるから、この間に遺産である賃貸不動産を使用管理した結果生ずる金銭債権たる賃料債権は、遺産とは別個の財産というべきであって、各共同相続人がその相続分に応じて分割単独債権として確定的に取得するものと解するのが相当である</u>と判断しました。

【要旨】
遺産分割は、相続開始の時に遡ってその効力を生ずるものであるが、各共同相続人がその相続分に応じて分割単独債権として確定的に取得した賃料債権の帰属は、後にされた遺産分割の影響を受けないものというべきである。

遺産分割の効力は相続開始時点に遡って効力を生じますが、その相続財産から生じる財産は、その相続財産とは別の財産であると考えることになります。よって、遺産分割協議により確定したその相続財産と紐付きで分割されず、各相続人が法定相続分で取得することになります。

ただし、賃料も相続財産から生じる果実ですので、賃料についても遺産分割協議で配分を合意するのが一般的です。

> **設 例**
>
> 1　**被相続人**　父（令和6年3月死亡）
> 2　**相続人**　長男、二男、長女
> 3　**父の賃貸不動産の年間収支**
>
> （単位：万円）
>
> | | 収入 | 支出 | 差額 |
> |---|---|---|---|
> | アパート | 1,000 | 400 | 600 |
> | 青空駐車場 | 250 | 50 | 200 |
> | 賃貸マンション | 1,860 | 2,000 | △140 |
> | 合計 | 3,110 | 2,450 | 660 |
>
> ㊟　父と長男は同一生計で、賃貸物件の管理・運用などを行い、不動産賃貸業で生計を維持している。一方、二男及び長女は、父と別生計で、父の賃貸収入に関係なく生活が維持できている。
>
> 4　**遺言書の有無**
>
> ①　遺言書が残されていない場合で相続開始から1年間遺産分割協議が調わないとき
> ②　遺言書が残されていてすべて長男に相続させるとしている場合
>
> （単位：万円）
>
> | | 遺言書なし | | | 遺言書あり |
> |---|---|---|---|---|
> | | 長男 | 二男 | 長女 | 長男 |
> | 収支差額の帰属 | 220 | 220 | 220 | 660 |

　以上のように、遺言書が残されていない場合、長男は賃貸不動産の収入の一部しか取得することができなくなり、生活に困窮することになります。そうすると、じっくりと時間をかけて遺産分割協議をする余裕がなくなり、二男又は長女に対して相当な譲歩をしないと分割協議が調わないことも予想されます。
　一方、遺言書が残されていたならば、たとえ、二男又は長女から遺留分侵害額の請求があったとしても、令和元年7月1日以後に開始し

た相続であれば、原則として、金銭によって弁償することになります。遺言書があれば毎年の安定した収入は長男に帰属することとなるため、余裕をもって遺留分侵害額の請求に対応することができます。

6 遺留分算定基礎財産

まとまった財産を贈与する事例で多いのは、後継者へ自社株を相続時精算課税によって贈与することと思います。贈与者が死亡したら、贈与を受けた自社株は贈与を受けた時の価額で相続財産に戻して相続税が課税されることとされています。

しかし、民法改正で、その贈与が原則として相続開始前10年より前に行われたものであれば、遺留分侵害額の算定基礎財産には含まれないことになります。そのため、遺言書が残されていたか否かによって各共同相続人が相続することができる財産に大きな差が生じます。そのことを設例で確認します。

① 相続人に対する生前贈与がある場合の遺言書の有無による取扱いの差異

設 例

1 **被相続人** 父（令和6年3月死亡）
2 **相続人** 長男、長女
3 **相続財産と遺言書**
   遺言書において、その他の財産2億円は、長男へ12,000万円、長女へ8,000万円相続させるとしている。
4 **その他** 父は平成15年に長男へ自社株1億円（相続開始時の時価3億円）を相続時精算課税によって贈与している

5 相続税の計算

(単位：万円)

	遺言書がある場合		【参考】 遺言書がない場合 法定相続分により遺産分割	
	長男	長女（注1）	長男（注2）	長女
その他の財産	12,000	8,000	0	20,000
相続時精算課税財産	10,000	—	10,000	—
課税価格	22,000	8,000	10,000	20,000
相続税の総額	6,920		6,920	
各人の算出税額	5,075	1,845	2,307	4,613

（注1） 遺留分侵害額の判定… 2億円×1/2×1/2＝5,000万円≦8,000万円
　　　　侵害額なし
（注2） 長男の相続分
　　　　みなし遺産価額　（2億円＋3億円※）×1/2＝25,000万円
　　　　　　　　　　　　25,000万円－3億円＝△5,000万円　∴0円
　　　　遺留分侵害額の判定　（2億円＋3億円）×1/2×1/2＝12,500万円
　　　　≦20,000万円　侵害額なし
（注3） 特別受益者が取得した財産の価額は、相続開始の時の価額によることとされています（民法904）。

　法定相続分によって相続することになると、長女は父から相続することができる財産額は2億円となり、長男の相続分はない（超過特別受益者は最初から相続分がないものとされます（民法903②）。）ことになります。

設　例

1　**被相続人**　父（令和6年3月死亡）
2　**相続人**　長男・長女
3　**生前贈与**　父は令和元年5月に長男に対して、自社株（2億円、相

続開始時の時価2.4億円）と現金4,500万円を相続時精算課税によって贈与した。
4 **父の遺産** 現預金6,000万円、生命保険金1,000万円（長男が受取人）
5 **遺言書** すべての財産を長女に相続させる。
6 **相続の放棄** 長男は相続の放棄の申述を行い家庭裁判所で受理された。
7 **遺留分の算定**
　① 相続の放棄が行われた場合
　　長男が相続の放棄をしたことから、相続人は長女1人となり、遺留分の額は、6,000万円×1/2（総体的遺留分）×1（法定相続分）＝6,000万円となり、長女は遺産の全額を相続していますので、遺留分の侵害額はないことになります。なお、生命保険金は受取人固有の財産となることから、遺留分の対象財産に該当しません。
　　また、長男に対する生前贈与は、特別受益として遺留分算定基礎財産となることが原則ですが、長男は相続の放棄をしていることから、相続人以外の者に該当し、父の相続開始前1年間になされたもの、又は当事者双方が遺留分権利者に損害を加えることを知ってなされた贈与でない場合には、贈与を受けた財産は遺留分算定基礎財産に算入されません。
　② 相続の放棄がなかった場合
　　相続人に対する生前贈与（特別受益に該当する贈与）は、遺留分算定基礎財産に算入されることになります。この場合に遺留分算定基礎財産に加算される額は相続開始時の価額とされます。
　・みなし遺産額　24,000万円＋4,500万円＋6,000万円＝34,500万円
　・長女の遺留分　34,500万円×1/2（総体的遺留分）×1/2（法定相続分）＝8,625万円
　・遺留分侵害額　8,625万円－6,000万円＝2,625万円
8 **相続税の計算**
　相続税の計算においては、長男は相続の放棄をしていますが、生命保険金は相続の放棄があっても受け取ることができ、かつ、相続時精

算課税によって受けた贈与財産は、贈与を受けたときの価額で父の相続財産に加算して相続税が課税されることになります。

(単位：万円)

	長男	長女
預貯金	－	6,000
生命保険金	1,000	－
同上非課税金額	（注１） －	－
相続時精算課税贈与	（注２）24,500	－
課税価格	25,500	6,000
相続税の総額		7,520
各人の算出税額	（注３）6,088	1,432

（注１） 長男は相続を放棄していることから、相続人ではないので非課税規定の適用を受けることはできません（相法12①五）。
（注２） 贈与を受けた時の価額によって相続財産に加算されます（相法21の15①）。
（注３） 相続の放棄があったことから相続人ではありませんが、被相続人の一親等の血族であることから、相続税額の２割加算の規定の適用はありません（相法18①）。

7　遺言書と小規模宅地等の特例

　小規模宅地等の特例は、適用を受けようとする宅地等が、相続税の申告期限までに分割されていることが要件とされています。生前対策としては、小規模宅地等の特例の対象となるすべての宅地等（以下「特例対象宅地等」といいます。）について、遺言書で相続人に対して「相続させる」と記載しておくことがポイントです。

　「相続させる」旨の遺言においては、「何らの行為を要せずして、被相続人の死亡の時に直ちに当該遺産が当該相続人に相続により承継される

ものと解すべき」(平成3年4月19日：最高裁判決)(12頁参照)との解釈が定着しています。そのため、遺産争いが生じて、遺言書に記載のない特例対象宅地等がある場合には、その宅地等は共同相続人全員による共有状態にあることから、小規模宅地等の特例の選択に当たっては、遺言書で取得した相続人等を含め、共同相続人全員の同意が必要とされます（東京地裁：平成28年7月22日判決、措令40の2⑤三）。

遺言書どおり相続する場合で、他に未分割財産である特例対象宅地等があるときには、期限内申告において共同相続人全員の選択同意が必要となります。そのため、相続税の申告期限後において未分割財産である

特例対象宅地等について、遺産分割協議が調ったとしても、遺言書によって取得した宅地等については「更正の請求」によってもこの特例の適用を受けることはできません。

なお、特例対象宅地等を相続した相続人等の全員の同意が得られない場合に、相続させるとしている宅地等についてその相続人が遺贈の放棄を行い、特例対象宅地等のすべてを未分割の状態に戻し、「申告期限後3年以内の分割見込書」を添付した上で、申告期限までに分割されなかった財産について申告期限から3年以内に分割されたときは、小規模宅地等の特例の適用を受けることができます（措法69の4④）。

この場合において、相続税の申告期限から3年を経過する日までに分割できないやむを得ない事情があり、税務署長の承認を受けた場合で、その事情がなくなった日の翌日から4か月以内に分割されたときも、この特例の対象になります（措法69の4④）。

しかし、遺贈の放棄をした者がその後の遺産分割協議において、その宅地等を相続することができるとは限らないことに留意しておかなければなりません。

> **参考：東京地裁判決の概要**
>
> 1　被相続人　母（平成22年2月27日死亡）
> 2　相続人　長男（母と同一生計）、長女、二女、三女
> 3　相続財産
> 　①　東京都北区　土地1,278.21㎡
> 　　　（長男の診療所として利用・母の持分457/1000）
> 　②　同上　建物（母の持分457/1000）
> 　③　川口市　土地533㎡（共同住宅の敷地・母の持分1/5）
> 　④　同上　共同住宅2棟
> 　⑤　その他

4 遺言書の内容

東京都北区の土地建物を長男へ相続させる。

5 相続税の申告

長男は、東京都北区の土地建物については、遺言書により取得し、特定事業用宅地等の特例を選択して相続税の期限内申告を行った。しかし、申告期限において分割された財産は東京都北区の土地建物のみであり、川口市の土地建物は未分割で、小規模宅地等の特例の適用に当たって、共同相続人全員の同意は得られていない。

【相続財産の内訳】

財産の内訳	相続税評価額	てん末
東京都北区土地	1億6,143万円	遺言書で長男が相続
東京都北区建物	77万円	同上
川口市土地建物等	2,982万円	未分割財産
相続時精算課税適用財産	2億2,949万円	受贈者・長男
債務等差額	△517万円	未分割財産
課税価格	4億1,634万円	－

6 小石川税務署による課税処分

未分割財産である川口市の土地は、共同相続人の共有に属していると認められる。小規模宅地等の特例の適用は、特例対象宅地等のすべてを相続した全員の選択同意書の添付が必要であり、本件は適用要件を欠くことから小規模宅地等の特例の適用を受けることはできない。

7 東京地裁の判断

川口市の土地は未分割財産であり、共同相続人の共有に属している。川口市の土地は特例対象宅地等（貸付事業用宅地等）に該当することから、すべての相続人の選択同意書を相続税の申告書に添付して行わなければならないので、本件特例の適用を受けることはできない。

(注) 控訴審の東京高裁（平成29年1月26日判決）でも同様の判決となっている。

この判決以外にも、徳島地裁：平成15年10月31日判決において、選択同意書の添付がなかったケースで、選択の同意をしない相続人の取得した特例対象宅地等の面積を除外した残面積について、特例の適用を受けることができる旨を主張しましたが認められませんでした。

8 その他の税制上の特例の適用

(1) 配偶者の税額軽減

　配偶者の税額の軽減とは、被相続人の配偶者が遺産分割や遺贈により実際に取得した正味の遺産額について、次の金額のどちらか多い金額までは配偶者に相続税はかからないという制度です。

(注)　この制度の対象となる財産には、仮装又は隠蔽されていた財産は含まれません。

　①　1億6千万円
　②　配偶者の法定相続分相当額

　この配偶者の税額軽減は、配偶者が遺産分割などで実際に取得した財産を基に計算されることになっています。
　したがって、相続税の申告期限までに分割されていない財産は、原則として税額軽減の対象になりません。

(2) 相続税額の取得費加算の特例

　この制度は、相続税の課税対象となった相続財産の譲渡が相続の直後に行われる場合には、相続税と譲渡に係る所得税が相次いで課されることによる負担の調整を図るため、譲渡をした相続財産に係る相続税相当額をその譲渡所得の金額の計算上、取得費に加算する制度です。
　したがって、相続により取得した土地、建物、株式などを、相続開始のあった日の翌日から相続税の申告期限の翌日以後3年を経過する日ま

でに譲渡した場合に、相続税額のうち一定金額を譲渡資産の取得費に加算することができます。

　そのため、遺産分割協議が調わないまま、相続税の申告期限の翌日から3年を経過すると、この特例の適用を受けることができなくなります。

(3) 被相続人の居住用財産（空き家）に係る譲渡所得の特別控除の特例

　相続又は遺贈により取得した被相続人居住用家屋又は被相続人居住用家屋の敷地等を、平成28年4月1日から令和9年12月31日までの間に売却し、かつ一定の要件に当てはまるときは、譲渡所得の金額から最高3,000万円㈱まで控除することができます。

㈱　令和6年1月1日以後に行う譲渡で被相続人居住用家屋及び被相続人居住用家屋の敷地等を相続又は遺贈により取得した相続人の数が3人以上である場合は2,000万円までとなります。

　被相続人居住用家屋とは、相続の開始の直前において被相続人の居住の用に供されていた家屋で、次の3つの要件すべてに当てはまるものをいいます。

　イ　昭和56年5月31日以前に建築されたこと。
　ロ　区分所有建物登記がされている建物でないこと。
　ハ　相続の開始の直前において被相続人以外に居住をしていた人がいなかったこと。

　この特例の適用を受けるためには、売却代金が1億円以下であること（譲渡益が3,000万円を超える場合には、複数の相続人が相続すれば1人当たり3,000万円（相続人の数が3人以上である場合は2,000万円）の特別控除の適用を受けることができます。）、相続の開始があった日から3

<u>年を経過する日の属する年の12月31日までに譲渡</u>することなどの要件があります。

　そのため、遺産分割協議が調わないまま、相続の開始があった日から3年を経過するとこの特例の適用を受けることができなくなります。

⑷　国外転出（相続）時課税

　相続人のうちに非居住者がいる相続も珍しくありません。この場合に、被相続人が1億円以上の有価証券等を所有していて、遺言書が残されていないときは、国外転出（相続）時課税の申告（被相続人の準確定申告）をする必要が生じることがあります。

　たとえば、国外転出（相続）時課税の申告期限までに遺産分割が確定していない場合には、民法の規定による相続分の割合に従って非居住者である相続人等に有価証券等の移転があったものとされ、その有価証券等を被相続人が譲渡したものとみなして、その含み益に対して被相続人に所得税が課されます。

　そのため、相続開始があったことを知った日の翌日から4か月以内に、被相続人の準確定申告及び納税をする必要があります。なお、この譲渡所得等に係る納税猶予の適用を受けようとする場合には、国外転出（相続）時課税の申告期限までに納税管理人の届出をするなど一定の手続が必要です。

　しかし、遺言書によって国内に居住する相続人等に対して、その有価証券等の全部を相続又は遺贈しておけば、国外転出（相続）時課税を回避することができます。

⑸　非上場株式を発行会社に譲渡した場合の特例制度

　相続又は遺贈により財産を取得した個人でその相続又は遺贈につき<u>納</u>

付すべき相続税額がある(注)ものが、相続の開始があった日の翌日から相続税の申告書の提出期限の翌日以後3年を経過する日までの間に、相続税の課税の対象となった非上場株式をその発行会社に譲渡した場合においては、その人が株式の譲渡の対価として発行会社から交付を受けた金銭の額が、その発行会社の資本金等の額のうちその譲渡株式に対応する部分の金額を超えるときであっても、その超える部分の金額は配当所得とはみなされず、発行会社から交付を受ける金銭の全額が株式の譲渡所得に係る収入金額とされます（措法9の7）。

(注) 「納付すべき相続税額がある」とは、実際に納付する相続税額がある場合をいいます。したがって、相続税の課税価格の合計額が遺産にかかる基礎控除を超えていて、その人に算出相続税額がある場合であっても、贈与税額控除額や相次相続控除額等があるために納付税額がゼロとなるときは、「相続税額がある場合」には該当しません。これは、相続税が納付できない者の救済を目的として特例だからです。

したがって、この場合には、発行会社から交付を受ける金銭の全額が非上場株式の譲渡所得に係る収入金額となり、その収入金額から譲渡した非上場株式の取得費及び譲渡に要した費用を控除して計算した譲渡所得金額の20.315％に相当する金額の所得税等が課税されます（措法37の10）。

この場合の非上場株式の譲渡による譲渡所得金額を計算するに当たり、その非上場株式を相続又は遺贈により取得したときに課された相続税額のうち、その株式の相続税評価額に対応する部分の金額を取得費に加算して収入金額から控除することができます（措法39）。

ただし、加算される金額は、この加算をする前の譲渡所得金額が限度となります。

そのため、遺産分割協議が調わないまま、相続税の申告期限の翌日から3年を経過するとこの特例の適用を受けることができなくなります。

9　相続人不存在への対応が可能に

　少子化や未婚の人が増加していることによって、相続人が不存在の場合の相続事案も増加傾向にあります。また、相続人が全員相続の放棄をすることによって相続人が不存在になることもあります。その場合、利害関係人は、家庭裁判所に相続財産管理人の選任申立を行い、相続財産管理人が被相続人の財産の整理を行うこととなります。

　相続人が不存在の場合でも、遺言書が残されていたときは遺言書によって受遺者が財産を取得することができます。

(1)　相続財産全部の包括受遺者が存在する場合

　民法951条（相続財産法人の成立）の規定は、相続財産の帰属すべき者が明らかでない場合におけるその管理、清算等の方法を定めたものです。包括受遺者は、相続人と同一の権利義務を有し（民法990）、遺言者の死亡の時から原則として被相続人の財産に属した一切の権利義務を承継するものであって、相続財産全部の包括受遺者が存在する場合には相続財産法人による諸手続を行わせる必要がないから、遺言者に相続人が存在しない場合でも相続財産全部の包括受遺者が存在する場合は、民法951条にいう「相続人のあることが明らかでないとき」に当たらないものと考えられます（最高裁：平成9年9月12日判決）。

(2)　遺言書が残されていたが、相続財産の一部についてだけ遺贈するとしてある場合

　受遺者は家庭裁判所に相続財産管理人の選任の申立てを行い、相続財産管理人の選任が行われたら、一部包括遺贈又は特定遺贈の場合には、遺言書に指定のある財産はその受遺者が遺贈によって取得することができます。

しかし、遺言書に指定のない財産は相続財産法人に帰属し、手続を経て特別縁故者への財産分与又は国庫に帰属することになります。

(3) 相続人が誰もいない場合に養子縁組を行うか遺言書か

相続人が誰もいない場合に、養子縁組が行われると相続人不存在にはなりません。養子縁組が遺言と異なる点は、養子縁組の同意が必要で、養子縁組の届出書を市区町村に提出しておかなければなりません。また、一方的に養子縁組を撤回（離縁）することはできません。

一方、遺言書ですべての財産を遺贈する旨指定しておけば、同様に相続人不存在にならず、遺言を撤回する場合でも、受遺者の同意を必要としません。

● 相続財産の管理人（清算人）選任等（相続人不分明）（認容）

年分	件数	年分	件数
平成21年度	11,931件	令和元年度	20,962件
平成22年度	13,050件	令和2年度	22,524件
平成23年度	14,632件	令和3年度	26,310件
平成24年度	15,722件	令和4年度	26,658件
平成25年度	16,714件	令和5年度	27,962件
平成26年度	17,313件		
平成27年度	17,401件		
平成28年度	19,072件		
平成29年度	20,424件		
平成30年度	20,146件		

（出典：最高裁判所「第3表:司法統計年報（家事編）」）

● 相続人不存在により国庫に帰属した金銭等

年　度	金　額（単位：千円）
平成26年度（決算額）	43,411,582
平成27年度（決算額）	42,063,983
平成28年度（決算額）	43,990,303
平成29年度（決算額）	52,638,657
平成30年度（決算額）	62,831,727
令和元年度（決算額）	60,464,486
令和2年度（決算額）	60,120,324
令和3年度（決算額）	64,772,986
令和4年度（決算額）	76,982,611
令和5年度（見積額）	61,785,932

（出典：最高裁判所　令和6年度歳入予算概算見積額明細表：雑収）

10　遺言書による生命保険金の受取人変更

　民法では、遺言事項は法定事項であり、保険金受取人の変更は、民法上遺言事項として明記されていません。

　しかし、保険法は、高齢化社会においては遺言の重要性が増すこと、及び生命保険がより有効に機能する必要性があることに鑑み、保険契約者の意思を尊重し保険契約者の多様なニーズに応えることができるようにするという趣旨から、遺言による保険金受取人の変更を認める規律を設けています（保険法44）。なお、この規定については、保険法の施行日（平成22年4月1日）以後に締結された保険契約について適用するとされています（保険法附則2）。

　また、この規定は、任意規定とされ、保険会社は保険約款において、保険金受取人を一定の者の範囲に限定することができます。また、遺言

によって保険金受取人を変更することはできないとする約定も有効です。

しかし、多くの保険会社では、約款などで特段の規定を設けていませんので、遺言で内縁の妻を死亡保険金の受取人に変更することができます。

遺言による保険金受取人の変更は、保険契約者が死亡した後に、保険契約者の相続人が保険会社に通知しなければ、保険金受取人の変更があったことを保険会社に対して主張することはできません。

なお、死亡保険契約について保険金受取人を変更する場合には、被保険者の同意が必要となります。

そこで、内縁の妻を死亡保険金の受取人とする方法として、まず、保険契約者と被保険者を内縁の夫、死亡保険金の受取人を保険契約者（内縁の夫）の二親等の血族とする保険契約を締結します。そして、その死亡保険金の受取人を内縁の妻へ遺言で変更するようにします。この方法によれば、保険契約者＝被保険者であることから、死亡保険金の受取人変更に当たり被保険者の同意（保険法38、45）は不要で、通常は死亡保険金の受取人になれない公益法人を受取人とすることもできます。そうすれば、自身のお金を死亡後に公益の役に立てたいと願う場合にも応用することができます。

なお、遺言による保険金受取人の変更は、その遺言が効力を生じた後、保険契約者の相続人がその旨を保険会社に通知しなければ、これをもって保険会社に対抗することができない（保険法44②）としています。保険契約者の相続人が複数いる場合でも、保険会社への通知は、相続人全員でする必要はなく、相続人の1人がすればよいとされています。また、遺言書の作成に当たって、遺言執行者を定めておけば、遺言執行者は相続人の代理人とみなされることから、保険会社に保険金受取人の変更を遺言執行者が通知するよう遺言書に明記しておけば良いでしょう。

> **コラム** **遺言書の検認と検索**

1 遺言書の検認

　遺言書（公正証書及び自筆証書で法務局において保管されている遺言を除きます。）の保管者又はこれを発見した相続人は、遺言者の死亡を知った後、遅滞なく遺言書を遺言者の最後の住所地の家庭裁判所に提出して、その「検認」を請求しなければなりません。また、封印のある遺言書は、家庭裁判所で相続人等の立会いの上開封しなければならないことになっています。

　検認とは、相続人に対し遺言の存在及びその内容を知らせるとともに、遺言書の形状、加除訂正の状態、日付、署名など検認の日現在における遺言書の内容を明確にして遺言書の偽造・変造を防止するための手続です。遺言の有効・無効を判断する手続ではありません。

●遺言書の検認件数（既済：総数）

年　分	件　数	年分	件数
平成21年度	13,906件	令和元年度	18,536件
平成22年度	14,803件	令和2年度	18,095件
平成23年度	15,200件	令和3年度	19,570件
平成24年度	15,971件	令和4年度	20,208件
平成25年度	16,653件	令和5年度	22,138件
平成26年度	16,761件		
平成27年度	16,944件		
平成28年度	17,117件		
平成29年度	17,481件		
平成30年度	17,334件		

（出典：最高裁判所事務総局総務局統計課「第3表：司法統計年報（家事編）」）

2　遺言書の検索

　国税庁の作成している「相続税の申告のためのチェックシート」によると、最初に「遺言書がありますか」とされています。

　税理士は相続税の申告業務の委任を受けた場合、当然に相続人等に対して遺言書が残されていなかったか質問すると思います。その質問に対して相続人等から遺言書は残されていなかったという回答を鵜呑みにして判断するような行為は、専門家しての相当の注意義務を履行したことにはならないと思います。

　また、提供された遺言書だけが唯一のものとはいえません。遺言書が複数作成されていて、その内容が抵触するものであれば、最新の日付のものが優先される（民法1023）としています。そのため、提供された遺言書が唯一のものかについても確認が必要です。

（前の遺言と後の遺言との抵触等）

民法第1023条

1　前の遺言が後の遺言と抵触するときは、その抵触する部分については、後の遺言で前の遺言を撤回したものとみなす。

2　前項の規定は、遺言が遺言後の生前処分その他の法律行為と抵触する場合について準用する。

44　第1章　遺言書の作成提案

相続税の申告のためのチェックシート（令和6年分以降用）

このチェックシートは、相続税の申告書が正しく作成されるよう、一般に誤りやすい事項をまとめたものです。
申告書作成に際しては、検討の上、申告書に添付してご提出くださるようお願いいたします。
「令和6年分」とは、令和6年1月1日から令和6年12月31日までの期間に係る年分をいいます。
なお、国税庁ホームページ【https://www.nta.go.jp】には、相続税に関する具体的な計算方法や申告の手続などの詳しい情報を記載した「相続税の申告のしかた」を掲載しておりますのでご利用ください。
また、非上場株式等についての相続税の納税猶予の特例の適用を受ける場合は「『非上場株式等についての相続税の納税猶予及び免除の特例』（特例措置）の適用要件チェックシート」等、個人の事業用資産についての相続税の納税猶予の特例の適用を受ける場合は「『個人の事業用資産についての相続税の納税猶予及び免除』の適用要件チェックシート」等の確認もお願いいたします（国税庁ホームページ【https://www.nta.go.jp】に掲載しています。）。

区分	検討項目	検討内容	検討（レ）	検討資料	検討資料の確認（レ）	添付（レ）非付は提出をお願いしている項目であり、チェックボックスがない項目は添付不要。
相続財産の分割等		① 遺言書がありますか。	□	○ 家庭裁判所の検認を受けた遺言書又は公正証書による遺言書の写し	□	□※
		② 相続人に未成年者はいませんか。	□	○ 特別代理人選任の審判の証明書	□	
		③ 戸籍の謄本等がありますか。	□	○ 戸籍の謄本等（注1）	□	□
		④ 遺産分割協議書がありますか。	□	○ 遺産分割協議書の写し	□	□※
不動産		① 未登記不動産はありませんか。	□	○ 所有不動産を証明するもの（固定資産税評価証明書、登記事項証明書等）	□	
		② 共有不動産はありませんか。	□			
		③ 先代名義の不動産はありませんか。	□			
		④ 他の市区町村に所在する不動産はありませんか。	□			
		⑤ 日本国外に所在する不動産はありませんか。	□			
		⑥ 他人の土地の上に自分の建物（借地権）及び他人の農地を小作（耕作権）しているものはありませんか。	□	○ 賃貸借契約書、小作に付されている旨の農業委員会の証明書	□	
		⑦ 貸付地について、「土地の無償返還に関する届出書」は提出されていませんか。	□	○ 土地の無償返還に関する届出書	□	
		⑧ 土地に縄延びはありませんか。	□	○ 実測図等	□	
事業（農業）用財産		事業用財産又は農業用財産の計上漏れはありませんか。	□	○ 資産・負債の残高表、所得税青色申告		

① 公正証書遺言書及び秘密証書遺言書の検索

　平成元年（東京都内は昭和56年）以降に作成された公正証書遺言又は秘密証書遺言であれば、日本公証人連合会において、全国的に、公正証書遺言等を作成した公証役場名、公証人名、遺言者名、作成年月日等をコンピューターで管理していますから、最寄りの公証人役場でその作成の有無をすぐに確認することができます。

　遺言検索に係る費用は無料とされています。なお、公正証書原本閲覧の手数料は1回につき200円、公正証書謄本交付については、1枚250円×紙枚数とされています。

② 自筆証書遺言書の検索

　令和2年7月10日以降は、法務局で自筆証書遺言を保管してもらえる制度が開始されましたので、関係相続人等は遺言者の死亡後、法務局で自筆証書遺言の保管の有無の確認ができます。また、法務局で保管されていた場合には、あらかじめ遺言者が指定した1名に対して遺言書の保管の旨が通知されます。さらに、「遺言書保管事実証明書」（1通につき、800円）及び「遺言書情報証明書」（1通につき、1,400円）の交付を受けることができます。

● 遺言書保管制度の利用状況

(単位:件)

	遺言書の手続		相続人等の手続		
	保管申請(注)	閲覧請求	遺言書情報証明書の交付請求	遺言書の閲覧請求	遺言書保管事実証明書の交付請求
令和2年7月～12月	12,631 (12,576)	24	63	0	91
令和3年1月～12月	17,002 (16,954)	44	684	8	984
令和4年1月～12月	16,802 (16,766)	72	1,211	13	1,764
令和5年1月～12月	19,336 (19,303)	103	1,930	15	2,643
令和6年1月	1,612 (1,609)	7	164	2	276
令和6年2月	1,808 (1,804)	11	218	1	259
令和6年3月	2,028 (2,023)	8	248	1	324
令和6年4月	1,980 (1,978)	11	230	1	316
令和6年5月	2,059 (2,057)	10	256	3	372
令和6年6月	1,850 (1,847)	17	215	3	348

(注) かっこ内は保管件数

(出典:法務省民事局)

● 公正証書遺言の数の推移

	遺言公正証書件数（件）	増加率（％）		遺言公正証書件数（件）	増加率（％）		遺言公正証書件数（件）	増加率（％）
平成1年	40,941	－	平成13年	63,804	4.2	平成25年	96,020	8.9
平成2年	42,870	4.7	平成14年	64,007	0.3	平成26年	104,490	8.8
平成3年	44,652	4.2	平成15年	64,376	0.6	平成27年	110,778	6.0
平成4年	46,764	4.7	平成16年	66,592	3.4	平成28年	105,350	－
平成5年	47,104	0.7	平成17年	69,831	4.8	平成29年	110,191	4.6
平成6年	48,156	2.2	平成18年	72,235	3.4	平成30年	110,471	0.2
平成7年	46,301	－	平成19年	74,160	2.7	令和元年	113,137	2.4
平成8年	49,438	6.8	平成20年	76,436	3.1	令和2年	97,700	－
平成9年	52,433	6.1	平成21年	77,878	1.9	令和3年	106,028	8.5
平成10年	54,973	4.8	平成22年	81,984	5.3	令和4年	111,977	5.6
平成11年	57,710	5.0	平成23年	78,754	－	令和5年	118,981	0.6
平成12年	61,255	6.1	平成24年	88,156	11.9			

(注) 秘密証書遺言の作成件数は、令和元年100件、令和2年76件、令和3年78件、令和4年68件、令和5年86件となっています。

第2章

遺産分割の工夫による相続税の軽減対策

　日本の相続税の課税方式は、遺産取得課税方式を基礎とした「法定相続分課税方式」とされていることから、相続開始後であっても、共同相続人全員が協力すれば、相続税の負担を軽減することが可能です。そこで、遺産分割の工夫による相続税の軽減対策について解説することとします。

1　相続の放棄

　相続の放棄には、①家庭裁判所において相続の放棄の申述の受理を受ける方法（民法915①）と、②遺産分割協議に加わった上で、相続財産をまったく取得しないとする方法、及び③被相続人の生前に特別受益としての贈与を受けているため、相続分がない旨を陳述する書面（特別受益証明書：実印の押印と印鑑証明書添付が必要）を作成する方法の3つが考えられます。

　家庭裁判所で相続の放棄の申述の受理を受けた場合には、債務の承継も免除されることになります。また、相続人が相続の放棄をすると、放棄をした者は、初めから相続人とならなかったものとみなされ（民法939）、同順位の相続人が存在していればその同順位の相続人の相続分が増え、同順位の相続人がいなければ、次順位の者が相続人となります。

　一方、遺産分割協議や特別受益証明書による実質的な相続の放棄では、債務については法定相続分に応じて負担を求められることもあります。

　相続税法上、「相続を放棄した人」とは、（自己のために）相続の開始があったことを知った時から3か月以内に家庭裁判所に相続の放棄の申述をした人のことをいいます。相続の放棄の申述をしないで、事実上、相続により財産を取得しなかった人はこれに該当しません。

　そこで、相続の放棄があった場合の相続税上のデメリットなどについて確認します。

(1)　相続人でなくなることによる相続税法上のデメリット
①　生命保険金等及び退職手当金の非課税規定

　　　被相続人の死亡によって取得した生命保険金等で、その保険料の全部又は一部を被相続人が負担していたものは、相続税の課税対象

となります。

　この死亡保険金の受取人が相続人である場合、すべての相続人が受け取った保険金の合計額が次の算式によって計算した非課税限度額を超えるとき、その超える部分が相続税の課税対象になります。

> 　500万円×法定相続人の数（相続の放棄があった場合には、その放棄がなかったものとした場合における相続人の数）＝非課税限度額

　なお、退職手当金についても同様の非課税規定が設けられています。

　この非課税規定の適用対象者は、「相続人」とされていますので、相続を放棄した人は相続人ではないことから、この非課税規定の適用を受けられません（相基通12-8、12-10）。

　また、代襲相続人が相続の放棄をした場合、相続人ではなくなることから、生命保険金の非課税規定の適用を受けることができません（相法12①五）。

②　相次相続控除の適用

　前回の相続から今回の相続開始前10年以内に被相続人が相続、遺贈や相続時精算課税に係る贈与によって財産を取得し相続税が課されていた場合には、その被相続人から相続、遺贈や相続時精算課税に係る贈与によって財産を取得した人の相続税額から、一定の金額を控除されます。

　相次相続控除が受けられるのは、被相続人の相続人であることなどが要件とされていますので、相続を放棄した者は相続人ではないことから、この規定の適用を受けることができません（相基通20-

1)。

③ 相続の放棄をした代襲相続人への二割加算

相続、遺贈や相続時精算課税に係る贈与によって財産を取得した人が、被相続人の一親等の血族（代襲相続人となった孫（直系卑属）を含みます。）及び配偶者以外の人である場合には、その人の相続税額にその相続税額の2割に相当する金額が加算されます（相法18）。

しかし、代襲相続人が相続の放棄をした場合には、相続人ではなくなったことから相続税の2割加算の対象になります（相法18）。

④ 債務控除

相続を放棄した者については、その者が現実に被相続人の葬式費用を負担した場合を除き、債務控除の規定は適用されません（相法13、相基通13－1）。

コラム　遺留分算定基礎財産の取扱い

相続人が相続の放棄をすると初めから相続人とならなかったものとみなされます（民法939）。

また、被相続人から生前贈与を受けた相続人が相続の放棄を行った場合には、遺留分算定においても、当該贈与については、相続人に対する贈与ではなく、相続人以外の第三者への贈与の規定が適用されると考えられます。

その場合、相続開始前の1年間になされたもの、又は当事者双方が遺留分権利者に損害を加えることを知ってなされた贈与でない場合には、その贈与の価額が遺留分算定基礎財産に加算されないことになります。

そのため、相続開始の1年より前に、被相続人から相続人が相続財産

の贈与を受けていても、被相続人の相続開始後に相続の放棄をすれば、遺留分侵害額を算定するための価額が減少することになります。

(2) 相続の放棄があっても影響を受けないもの

① 遺族年金

公的年金に加入している方が亡くなったときに、その家族に支給されるのが遺族年金です。遺族年金は、遺族がその固有の権利に基づいて受給するもので、相続財産には含まれません。よって、相続放棄をした場合でも、遺族年金を受け取ることができます。

② 生命保険金や退職手当金

生命保険金は、保険契約の効力が生じると同時に保険金受取人が自らの固有の権利として取得し、保険金受取人の権利は、保険契約者又は被保険者から承継取得するものではなく、これらの者の相続財産に属するものではないと解されています。そのため、相続の放棄があっても保険金は受け取ることができます。

退職手当金、生命保険契約に関する権利、定期金に関する権利など、相続税法上みなし相続財産（相法3）として規定されている財産も同様です。

③ 特別縁故者として財産分与を受ける

相続の放棄をした結果、相続人がいなくなったような場合は、相続放棄した者も、特別縁故者として財産分与の申立ができます。相続放棄したことは、特別縁故者になる障害になりません。その場合、どのくらいの遺産が与えられるかについては、「残存すべき相続財産の全部又は一部を与えることができる（民法958の3①）」と規定されていて、裁判例（神戸家裁尼崎支部：平成25年11月22日審判）

では、全遺産が与えられた例もあります。

④ 相続税法上の法定相続人の判定

　相続税の基礎控除額を計算する場合の「法定相続人」の数は、相続の放棄をした人がいても、その放棄がなかったものとした場合の相続人の数をいいます。そのほか、相続税の総額、生命保険金や退職手当金の非課税限度額を計算する場合にも、同様にその放棄がなかったものとした場合の相続人の数をいいます。

⑤ 配偶者の税額軽減

　配偶者に対する相続税額の軽減の規定は、配偶者が相続を放棄した場合であっても配偶者が遺贈により取得した財産があるときは、適用があります（相基通19の2－3）。また、配偶者が相続の放棄をしても相続税額の2割加算の対象とはなりません（相基通18－1）。

設　例

1　**被相続人**　甲（令和6年3月死亡）
2　**相続人**　妻、長男及び先に死亡した長女の子乙
3　**遺産の額**　1億円
4　**相続の放棄**　妻と乙は家庭裁判所で相続の放棄の手続きをした
5　**死亡保険金**　妻5,000万円、乙は1,000万円の死亡保険金（甲が保険料のすべてを負担）を取得した

6　相続税の計算

(単位：万円)

	相続の放棄があった場合			【参考】相続の放棄がなかった場合		
	妻	長男	乙	妻	長男	乙
財産	-	10,000	-	-	10,000	-
生命保険金	5,000	-	1,000	5,000	-	1,000
同上非課税金額	(注1) -	-	(注1) -	△1,250	-	△250
課税価格	5,000	10,000	1,000	3,750	10,000	750
相続税の総額	1,720			1,396		
各人の算出税額	538	1,075	107	361	963	72
相続税額の2割加算	-	-	(注2) 21	-	-	(注3) -
配偶者の税額軽減	△538	-	-	△361	-	-
納付税額	0	1,075	128	0	963	72
合計税額	1,203			1,035		

(注1)　相続の放棄によって相続人ではなくなったことから、非課税規定の適用を受けることができません。

(注2)　乙は、相続の放棄をすると代襲相続人ではないので、相続税額の2割加算の対象者となります。

(注3)　乙は代襲相続人であることから、相続税額の2割加算の対象者となりません。

⑥　未成年者控除又は障害者控除

　未成年者控除は、その未成年者が満18歳（令和4年3月31日以前に開始した相続は20歳）になるまでの年数1年につき10万円を、相続税の額から差し引きます。また、障害者控除は、その障害者が満85歳になるまでの年数1年につき10万円（特別障害者の場合は20万円）で計算した額を、相続税の額から差し引きます。

これらの規定は、相続や遺贈で財産を取得した人が法定相続人（相続の放棄があった場合には、その放棄がなかったものとした場合における相続人）であることなどが要件とされていますので、相続の放棄があってもその他の要件を満たす場合には、未成年者控除又は障害者控除の適用を受けることができます。

⑦　相続開始前7年以内の生前贈与加算
　相続又は遺贈によって財産を取得した者は、その被相続人から相続開始前7年（令和5年12月31日以前の贈与は3年）以内に贈与を受けていた場合にはその贈与を受けた時の価額で相続財産に加算されることとされています。そのため、相続の放棄があってもその贈与財産は相続財産に加算され相続税が課されます（相法19）。

(3) 相続の放棄があった場合の相続順位の変動

　相続開始が逆縁となった場合には、相続の放棄をすることが相続税を軽減することにつながる場合もあります。
　例えば、独身の子が死亡し、その子に子がいない場合には、第二順位の直系尊属（父又は母）が相続人となりますが、父母が相続の放棄をすると、第三順位の兄弟姉妹が相続人となります。
　このような相続の放棄が行われることによって、父又は母の相続の際の相続税の負担軽減につながることもありますので、慎重に判断しなければなりません。

設 例

1. **被相続人** 長男（令和6年4月死亡）
2. **相続人** 父（令和6年8月死亡）1人
   なお、長男には、妹（甲）と弟（乙）がいる。
3. **長男の相続財産** その他の財産 12,000万円
4. **父固有の相続財産** 現預金 20,000万円
5. **相続の放棄と遺産分割**
   父が相続の放棄をした場合には、長男の相続財産は甲と乙がそれぞれ1／2ずつ相続する。
6. **父の相続の遺産分割**
   甲と乙がそれぞれ1／2ずつ相続する。
7. **相続税の計算**
   (1) 長男の財産を父が相続した場合

（単位：万円）

	長男の相続	父の相続	
	父	甲	乙
その他の財産	12,000	（注1）5,090	（注1）5,090
現預金	−	10,000	10,000
課税価格	12,000	15,090	15,090
相続税の総額	1,820	6,992	
各人の算出税額	1,820	3,496	3,496
相次相続控除	−	（注2）△910	（注2）△910
納付税額	1,820	2,586	2,586
合計税額	6,992		

（注1） （12,000万円−1,820万円）×1／2＝5,090万円

（注2） 1,820万円×100／100×（15,090万円÷30,180万円）×10年＝910万円

(2) 父が相続放棄した場合

(単位：万円)

	長男の相続		父の相続	
	甲	乙	甲	乙
その他の財産	6,000	6,000	－	－
現預金	－	－	10,000	10,000
課税価格	6,000	6,000	10,000	10,000
相続税の総額	（注1） 1,820		3,340	
各人の算出税額	910	910	1,670	1,670
相続税額の二割加算	（注2） 182	（注2） 182	－	－
納付税額	1,092	1,092	1,670	1,670
合計税額	5,524			

（注1） 相続税の基礎控除額の計算（相法15②）及び相続税の総額の計算（相法16）は、父の相続の放棄がなかったものとした相続人の数（1人）によって計算されます。

（注2） 甲及び乙は、配偶者及び一親等の血族以外の者であることから、相続税額の二割加算の対象者となります（相法18①）。

この設例の場合、父が相続の放棄をすることで、長男及び父の通算相続税は軽減されることになります。

● 相続の放棄の申述の受理（既済：認容）件数

年　分	件　数	年　分	件　数	年分	件数
		平成21年	152,314件	令和元年	217,745件
平成12年	101,096件	平成22年	156,682件	令和2年	227,719件
平成13年	107,290件	平成23年	162,876件	令和3年	246,216件
平成14年	119,883件	平成24年	165,249件	令和4年	252,742件
平成15年	136,556件	平成25年	168,590件	令和5年	275,222件
平成16年	138,138件	平成26年	177,665件		
平成17年	146,290件	平成27年	183,949件		
平成18年	146,568件	平成28年	193,388件		
平成19年	147,023件	平成29年	201,328件		
平成20年	144,526件	平成30年	210,181件		

（出典：最高裁判所事務総局総務局統計課「第3表：司法統計年報（家事編）」）

(4) 事実上の相続の放棄

　相続税法上、「相続を放棄した人」とは、（自己のために）相続の開始があったことを知った時から3か月以内に家庭裁判所に相続の放棄の申述をし、受理された人のことをいいます。相続の放棄の申述をしないで、事実上、相続により財産を取得しなかった人はこれに該当しません。

　家庭裁判所で相続の放棄の申述が受理された場合、その者は初めから相続人とならなかったものとみなされます。そのため、相続税法上も「相続人」でなくなることから課税上の不利益が生じることがあります。

設　例

1　**被相続人**　母（令和6年3月死亡）
2　**相続人**　長男、長女
3　**相続財産**

その他の財産　30,000万円

4　相続時精算課税贈与

長女は、母から令和4年に相続時精算課税贈与によって10,000万円の贈与を受け、1,500万円の贈与税を支払っている。

5　母の兄から相続

母は、令和5年5月に死亡した兄から10,000万円を相続し、相続税1,600万円を納税した。

6　相続の放棄

長女は、相続の放棄を検討（以下の①又は②）している。
①　家庭裁判所に申述して相続の放棄をする
②　遺産分割協議に参加して遺産を相続しないこととする遺産分割協議書に署名・押印する。

7　相続税の計算

（単位：万円）

	家庭裁判所に申述して相続放棄		事実上の相続の放棄	
	長男	長女	長男	長女
その他の財産	30,000	−	30,000	−
相続時精算課税適用財産	−	10,000	−	10,000
課税価格	30,000	10,000	30,000	10,000
相続税の総額	10,920		10,920	
各人の算出税額	8,190	2,730	8,190	2,730
相次相続控除額	（注1）△1,200	（注2）−	△1,200	△400
贈与税額控除	−	△1,500	−	△1,500
納付税額	6,990	1,230	6,990	830

（注1）　1,600万円×100/100※×（30,000万円÷40,000万円）×（10−0年）÷10年＝1,200万円

　　※　40,000万円÷（10,000万円−1,600万円）⇒100/100を超える　∴100/100

（注2）　長女は相続の放棄をしたことから、相続人ではないので、相次相続控除の適用を受けることはできません。

相続開始から3か月以内に家庭裁判所に申述して行うのが法的な意味での相続の放棄ですが、相続実務では、法的な手続をせずに、遺産分割協議に加わった上で、相続財産をまったく取得しないなどとする、いわゆる事実上の相続の放棄も行われています。

このような事実上の相続の放棄は、被相続人の債務に関する取扱いを除き、法的手続による相続の放棄と同様の効果が得られるため、相続人間でトラブルがない限り、現実的な方法といえます。

そのような場合に、この設例では事実上の相続の放棄を選択すれば、長女は相続人として相次相続控除の適用を受けることができます。

2　配偶者の税額軽減

(1)　選択適用の判断

配偶者の税額軽減の規定は、相続税の申告書に、配偶者の税額軽減の規定の適用を受ける旨及び配偶者の軽減金額の計算に関する明細の記載をした書類その他の一定の書類の添付がある場合に限り、適用する（相法19の2③）とされています。

そのことから、配偶者の税額軽減の規定の適用を受けるか否かは任意とされています。そこで、配偶者の税額軽減の規定の適用を受けない場合には、相続税の申告書第5表（配偶者の税額軽減額の計算書）に「私は、相続税法第19条の2第1項の規定による配偶者の税額軽減の適用を受けます。」と記載されているので、その記載されている部分を抹消して申告する、又は、相続税の申告書第5表を提出しないようにします。

そのため、相続税の申告に当たり、配偶者の税額軽減の規定の適用を受けることが有利か否か慎重に判断しなければなりません。

なぜなら、配偶者の税額軽減の規定の適用を受けない場合で、連続し

て相続が開始すると、第一次相続で配偶者が納付しなければならない相続税は、配偶者が相続した財産から債務として控除され、第二次相続の相続税の納付税額は、相次相続控除によって税額控除されることから、相当額軽減されます。

相次相続控除とは、前回の相続から今回の相続開始前10年以内に被相続人が相続、遺贈や相続時精算課税に係る贈与によって財産を取得し相続税が課されていた場合には、その被相続人からの相続（被相続人からの相続人に対する遺贈に限ります。）や、相続時精算課税に係る贈与によって財産を取得した相続人の相続税額から、一定の金額を控除する制度です（相法20）。

● 相次相続控除とは（相次相続控除のイメージ図、例示）

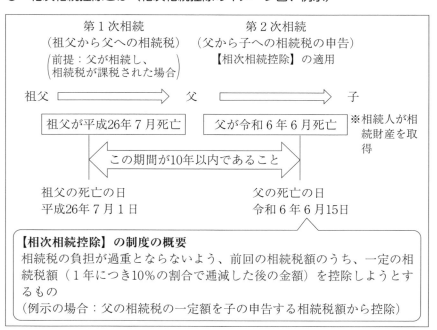

（出典：国税庁ホームページ：タックスアンサー　№4168　相次相続控除）

配偶者の税額軽減額の計算書

第5表(令和6年1月分以降用)

被相続人 [　　　]

私は、相続税法第19条の2第1項の規定による配偶者の税額軽減の適用を受けます。

1　一般の場合　この表は、①被相続人から相続、遺贈や相続時精算課税に係る贈与によって財産を取得した人のうちに農業相続人がいない場合又は②配偶者が農業相続人である場合に記入します。

| 課税価格の合計額のうち配偶者の法定相続分相当額 | （第1表の⑧の金額）
　　　　　　,000円 × ［配偶者の法定相続分］　 ＝ 　　　　円
上記の金額が16,000万円に満たない場合には、16,000万円 | ⑦※　　　　　　円 |

配偶者の税額軽減額を計算する場合の課税価格	① 分割財産の価額 （第11表2の配偶者の①の金額）	分割財産の価額から控除する債務及び葬式費用の金額		④ （②−③）の金額（③の金額が②の金額より大きいときは0）	⑤ 純資産価額に加算される暦年課税分の贈与財産価額（第1表の配偶者の⑤の金額）	⑥ （①−④+⑤）の金額（⑤の金額より小さいときは⑤の金額） （1,000円未満切捨て）
		② 債務及び葬式費用の金額（第1表の配偶者の③の金額）	③ 未分割財産の価額（第11表の配偶者の②の金額）			
	円	円	円	円	円	※　　　　,000円

⑦　相続税の総額（第1表の⑦の金額）	⑧　④の金額と⑥の金額のうちいずれか少ない方の金額	⑨　課税価格の合計額（第1表の⑧の金額）	⑩　配偶者の税額軽減の基となる金額（⑦×⑧÷⑨）
円　　00	円	円　　,000	円

| 配偶者の税額軽減の限度額 | （第1表の配偶者の⑨又は⑩の金額）　（第1表の配偶者の⑫の金額）
（　　　　　　　円　−　　　　　　　円） | ⑪　　　　　円 |

| 配偶者の税額軽減額 | （⑩の金額と⑪の金額のうちいずれか少ない方の金額） | ⑫　　　　　円 |

（注）⑫の金額を第1表の配偶者の「配偶者の税額軽減額⑬」欄に転記します。

　そこで、通算相続税の軽減を考慮した配偶者の相続割合について検証し、また、同年中に第二次相続が開始した場合に、配偶者がいくら相続するかや、配偶者の税額軽減の適用を受けることの有利不利について設例で検証します。

⑵　第二次相続開始まで相当の期間があると予想される場合の通算相続税の軽減を考慮した相続割合

　第一次相続開始（父の相続）から、第二次相続（母の相続）までの期間が10年くらいあると仮定する場合に、第一次相続と第二次相続の通算相続税を軽減するために、第一次相続で配偶者が相続する金額を法定相続分よりも少なく相続する遺産分割を検討することになります。

設 例

1 **被相続人** 父（令和6年3月死亡）
2 **父の遺産** 5億円
3 **相続人** 母、長男、長女
4 **その他** 母固有の財産は1億円とする
5 **母の相続**（令和17年2月に死亡すると仮定）

（単位：万円）

相続割合	第一次相続の税額		第二次相続の税額	合計税額
母：子	母①	子2人②	子2人③	①+②+③
10：0	6,556	0	16,760	23,316
9：1	5,245	1,311	15,100	21,656
8：2	3,934	2,622	13,440	19,996
7：3	2,622	3,934	11,872	18,428
6：4	1,311	5,245	10,396	16,952
5：5	0	6,556	8,920	15,476
4：6	0	7,867	6,920	14,787
3：7	0	9,178	4,920	14,098
2：8	0	10,490	3,340	13,830
1：9	0	11,801	1,840	13,641
0：10	0	13,112	770	13,882

（注1） 母が相続した財産の額は変動しないものとします。
（注2） 税額控除等は、配偶者の税額軽減のみとして計算しています。

　以上の設例の場合、母は遺産の1割程度を相続することが通算相続税の負担を最も軽減することにつながります。
　しかし、この設例では、母は相続した財産の額に変動がないことを前提としていますので、仮に長男や長女の子が未成年で教育資金の非課税贈与を活用することを前提に母に多く相続してもらえばさらに相続税の負担が軽くなります。

そこで、相続人の子や孫が未成年者などである場合に、教育資金の一括非課税贈与を考慮した遺産分割も考えることがよいと思います。

例えば、母が法定相続分よりも少なく相続することが通算相続税を考慮すると有利になると予想される場合でも、相続した現預金を共同相続人の子や孫への教育資金として一括贈与することを前提に、その分多めに相続すれば、配偶者の税額軽減の活用につながり、かつ、非課税贈与によって母の相続税の軽減にも役立ちます。

設 例

上記の前提条件のままで、母が相続した財産から長男及び長女の子にそれぞれ1,500万円の教育資金の一括非課税贈与を実行することとします。その結果、母の相続時の財産は3,000万円少なくなります。

(単位：万円)

相続割合	第一次相続の税額		第二次相続の税額	合計税額
母：子	母①	子2人②	子2人③	①+②+③
10：0	6,556	0	15,410	21,966
9：1	5,245	1,311	13,750	20,306
8：2	3,934	2,622	12,146	18,702
7：3	2,622	3,934	10,672	17,228
6：4	1,311	5,245	9,196	15,752
5：5	0	6,556	7,720	14,276
4：6	0	7,867	5,720	13,587
3：7	0	9,178	3,940	13,118
2：8	0	10,490	2,440	12,930
1：9	0	11,801	1,160	12,961
0：10	0	13,112	320	13,432

以上のことから、母は父の遺産の2割程度を相続することが通算相続税を最も少なくする結果となります。

(3) 同年中に第二次相続が開始した場合の配偶者の相続割合

同年中に一次相続（父の相続）と第二次相続（母の相続）があった場合、父の相続において母が父の遺産を相続することになりますが、父の遺産分割協議には、母の相続人が代わって参加することになるため、子がいる場合、その子の全員の合意によって母の相続する財産とその額を決めることができます。

その場合、同年中に連続して相続が開始したときには、父と母の通算相続税が最も少なくなる割合については、配偶者の税額軽減の規定の適用を受けないで、相次相続控除を適用して相続すれば、通算相続税が少なくなる場合もあります。

そこで、以下の設例で、配偶者の税額軽減の適用を受けるか否かによる相続税の有利不利を判定してみます。

① 配偶者の税額軽減制度の適用を受ける

設 例
1　**被相続人**　父（令和6年3月死亡）
2　**父の遺産**　10億円
3　**相続人**　母、長男、長女
4　**その他**　母固有の財産は4億円とする

5 母の相続 （令和6年5月死亡）

（単位：万円）

相続割合	第一次相続の税額		第二次相続の税額	合計税額
母：子	母①	子②	1年以内に相続発生③	①+②+③
10：0	17,810	0	（注3）32,786	50,596
9：1	14,248	3,562	33,128	50,938
8：2	10,686	7,124	33,472	51,282
7：3	7,124	10,686	33,814	51,624
6：4	3,562	14,248	34,158	51,968
5：5	0	17,810	34,500	52,310
4：6	0	21,372	29,500	50,872
3：7	0	24,934	24,500	49,434
2：8	0	28,496	19,710	48,206
1：9	0	32,058	15,210	47,268
0：10	0	35,620	10,920	46,540

（注1） 子は、各人均等に相続するものとして計算しています。
（注2） 税額控除等は、配偶者の税額軽減及び相次相続控除額のみとして計算しています。
（注3） 計算内容の例示
　　　　（10億円＋4億円－17,810万円）－4,200万円＝117,990万円（第二次相続時の課税遺産総額）
　　　　（117,990万円×1／2×50％－4,200万円）×2人＝50,596万円（第二次相続の相続税の総額）
　　　　50,596万円－17,810万円（相次相続控除額）＝32,786万円（第二次相続の税額）

　配偶者の税額軽減の適用を受ける場合には、配偶者が1円も相続しないことで、通算相続税が最も少なくなります。

② 配偶者の税額軽減制度の適用を受けない

設例

1　被相続人　父（令和6年3月死亡）
2　父の遺産　10億円
3　相続人　母、長男、長女
4　その他　母固有の財産は4億円とする
5　母の相続（令和6年5月死亡）

（単位：万円）

相続割合	第一次相続の税額		第二次相続の税額	合計税額
母：子	母①	子②	1年以内に相続発生③	①＋②＋③
10：0	35,620	0	（注2）6,070	41,690
9：1	32,058	3,562	6,414	42,034
8：2	28,496	7,124	6,756	42,376
7：3	24,934	10,686	7,100	42,720
6：4	21,372	14,248	7,442	43,062
5：5	17,810	17,810	（注3）7,786	43,406
4：6	14,248	21,372	8,130	43,750
3：7	10,686	24,934	8,716	44,336
2：8	7,124	28,496	9,380	45,000
1：9	3,562	32,058	10,046	45,666
0：10	0	35,620	10,920	46,540

（注1）　税額控除等は、相次相続控除額のみとして計算しています。
（注2）　計算内容の例示
　　　　（10億円＋4億円－35,620万円）－4,200万円＝100,180万円（第二次相続時の課税遺産総額）
　　　　（100,180万円×1/2×50％－4,200万円）×2人＝41,690万円（第二次相続の相続税の総額）
　　　　41,690万円－35,620万円（相次相続控除額）＝6,070万円（第二次相続の税額）

(注3) 計算内容の例示
　　　（5億円＋4億円－17,810万円）－4,200万円＝67,990万円（第二次相続時の課税遺産総額）
　　　（67,990万円×1／2×50％－4,200万円）×2人＝25,596万円（第二次相続の相続税の総額）
　　　25,596万円－17,810万円（相次相続控除額＝7,786円（第二次相続の税額）

　配偶者の税額軽減の適用を受けない場合には、配偶者がすべての財産を相続することで、通算相続税は最も少なくなります。

　同年中に連続して相続が開始した場合に、被相続人の遺産の額、残された配偶者の固有の財産額、配偶者と子の人数などの条件によって配偶者が相続した遺産について、配偶者の税額軽減の適用を受けないときの有利不利が混在します。

設　例

【前提条件】
① 　配偶者の固有の財産は1億円
② 　1年以内に連続して相続が開始するものと仮定
③ 　配偶者が相続した遺産について、配偶者の税額軽減の適用を受けない
④ 　③の場合、相次相続控除を適用して第二次相続の税額計算を行う

● 第二次相続までの通算相続税額

(単位：万円)

遺産の額	配偶者と子1人				配偶者と子2人			
	配偶者の相続割合				配偶者の相続割合			
	100%	50%	20%	10%	100%	50%	20%	10%
5億円	16,396	15,613	15,811	15,953	13,810	13,112	13,112	13,299
6億円	19,710	19,710	19,851	20,211	17,360	17,360	17,360	17,360
7億円	24,500	24,500	24,500	24,730	21,740	21,740	21,740	21,740
8億円	29,500	29,500	29,500	29,500	26,240	26,240	26,240	26,240
9億円	34,500	34,500	34,500	34,500	30,872	30,872	30,872	30,872
10億円	39,500	39,500	39,500	39,500	35,620	35,620	35,620	35,620

(注) 配偶者と子が1人で遺産の額が5億円、配偶者が50％相続する場合の計算例

　第一次相続：5億円に対する相続税の総額　15,210万円（配偶者7,605万円、子7,605万円）

　第二次相続：(2.5億円－7,605万円) ＋ 1億円＝27,395万円⇒相続税の総額 8,008万円

　　　　　　　8,008万円－7,605万円（相次相続控除額）＝403万円

　通算相続税：15,210万円＋403万円＝15,613万円

参考：第一次相続において配偶者の税額軽減の適用を受ける場合

● 第二次相続までの通算相続税額

(単位：万円)

遺産の額	配偶者と子1人 配偶者の相続割合				配偶者と子2人 配偶者の相続割合			
	100%	50%	20%	10%	100%	50%	20%	10%
5億円	20,198	19,105	17,028	16,549	16,760	15,476	13,830	13,641
6億円	24,073	23,855	21,428	20,999	20,304	19,600	17,828	17,764
7億円	28,083	28,750	26,080	25,710	24,066	23,830	21,932	22,006
8億円	32208	33,750	30,980	30,610	27,940	28,330	26,312	26,356
9億円	36,333	38,750	35,880	35,510	31,782	32,896	30,820	30,820
10億円	40,458	43,750	40,780	40,410	35,596	37,520	35,416	35,398

(注) 配偶者と子1人で遺産の額が5億円、配偶者が100％相続する場合の計算例

第一次相続：5億円に対する相続税の総額　15,210万円（配偶者7,605万円、子7,605万円）
配偶者の納付税額（配偶者の税額軽減額）　7,605万円

第二次相続：（5億円－7,605万円）＋1億円＝52,395万円⇒相続税の総額20,198万円
20,198万円－7,605万円（相次相続控除額）＝12,593万円

通算相続税：7,605万円＋12,593万円＝20,198万円

　上記の前提条件の場合、配偶者が相続した財産に対して配偶者の税額軽減の適用を受けない場合と適用を受ける場合を比較すると、以下のような結果となりました。

① 配偶者と子が1人の場合、すべての設例において配偶者の税額軽減の適用を受けない場合が有利となります。この場合、第二次相続までの通算相続税額が最も少なくなる割合は、図表の色塗りしている部分になります。

② 配偶者と子が2人の場合、配偶者が相続した額が9億円以上の場合に、配偶者が相続した財産について配偶者の税額軽減の適用を受けることが有利になる部分（図表に色塗りしている部分）もあります。

3 小規模宅地等の特例

(1) 小規模宅地等の特例の適用対象者の優先順位

個人が、相続や遺贈によって取得した財産のうち、その相続開始の直前において被相続人又は被相続人と生計を一にしていた被相続人の親族の事業の用又は居住の用に供されていた宅地等のうち一定のものがある場合には、その宅地等のうち一定の面積までの部分については、小規模宅地等の特例の適用を受けることができます。

そこで、複数の者が小規模宅地等の特例の適用を受けることができる場合、誰からこの特例の適用を受けることが有利になるか設例で判定します。

① 二割加算対象者がいる場合

設　例

1　被相続人　父（令和6年3月死亡）
2　相続人　長男、長男の子（養子）
3　相続財産と遺産分割

（単位：万円）

	長男	長男の子
貸付事業用宅地等（200㎡）	－	4,000
特定居住用宅地等（330㎡）	2,500	－
その他の財産	4,500	3,000

4 相続税の計算

(単位:万円)

	長男から小規模宅地等の特例を選択		長男の子から小規模宅地等の特例を選択	
	長男	長男の子	長男	長男の子
貸付事業用宅地等	−	4,000	−	4,000
特定居住用宅地等	2,500	−	2,500	−
小規模宅地等の特例	△2,000	−	−	△2,000
その他の財産	4,500	3,000	4,500	3,000
課税価格	5,000	7,000	7,000	5,000
相続税の総額	1,160		1,160	
各人の算出税額	483	677	677	483
2割加算額	−	135	−	97
納付税額	483	812	677	580
納付合計税額	1,295		1,257	

　上記の設例の場合、相続税額の二割加算の対象者である長男の子から小規模宅地等の特例を選択した方が38万円納付合計税額が少なくなります。

② 配偶者以外の相続人から小規模宅地等の特例を選択

設 例

1　**被相続人**　父(令和6年3月死亡)
2　**相続人**　母、長男

3 相続財産と遺産分割

(単位：万円)

	母	長男
貸付事業用宅地等（200㎡）	－	4,000
特定居住用宅地等（330㎡）	2,500	－
その他の財産	14,500	13,000

4 相続税の計算

(単位：万円)

	母から小規模宅地等の特例を選択		長男から小規模宅地等の特例を選択	
	母	長男	母	長男
貸付事業用宅地等	－	4,000	－	4,000
特定居住用宅地等	2,500	－	2,500	－
小規模宅地等の特例	△2,000	－	－	△2,000
その他の財産	14,500	13,000	14,500	13,000
課税価格	15,000	17,000	17,000	15,000
相続税の総額	7,720		7,720	
各人の算出税額	3,619	4,101	4,101	3,619
配偶者の税額軽減	△3,619	－	(注)△3,860	－
納付税額	0	4,101	241	3,619
納付合計税額	4,101		3,860	

(注) 7,720万円×16,000万円÷（17,000万円＋15,000万円）＝3,860万円

　上記の設例の場合、長男から小規模宅地等の特例を選択すると、配偶者の税額軽減を最大限活用することになり、納付合計税額が少なくなります。

③ 非上場株式等についての相続税の納税猶予の特例と小規模宅地等の特例選択

設 例

1 被相続人　父（令和6年3月死亡）
2 相続人　長男（特例後継者）及び長女（父と同居）
3 父の相続財産と遺産分割

（単位：万円）

	長男	長女
貸付用事業用宅地等（200㎡）	4,000	－
特定居住用宅地等（330㎡）	－	2,500
特例非上場株式等	10,000	－
その他の財産	1,000	12,500

(注) 長男は特例非上場株式等について相続税の納税猶予を受けることとする。

4 相続税の計算

（単位：万円）

	長男が小規模宅地等の特例を受ける		長女が小規模宅地等の特例を受ける	
	長男	長女	長男	長女
貸付用事業用宅地等	4,000	－	4,000	－
特定居住用宅地等	－	2,500	－	2,500
小規模宅地等の特例	△2,000	－	－	△2,000
特例非上場株式等	10,000	－	10,000	－
その他の財産	1,000	12,500	1,000	12,500
課税価格	13,000	15,000	15,000	13,000
相続税の総額	6,120		6,120	
各人の算出税額	2,841	3,279	3,279	2,841
非上場株式等納税猶予の特例	(注1)△1,968	－	(注2)△1,843	－
納付税額	873	3,279	1,436	2,841
納付合計税額	4,152		4,277	

(注1) (10,000万円+15,000万円) −4,200万円=20,800万円 ⇒4,920万円(相続税の総額)
　　　納税猶予税額　4,920万円×10,000万円÷(10,000万円+15,000万円)
　　　=1,968万円
(注2) (10,000万円+13,000万円) −4,200万円=18,800万円 ⇒4,240万円(相続税の総額)
　　　納税猶予税額　4,240万円×10,000万円÷(10,000万円+13,000万円)
　　　≒1,843万円

　上記の設例によれば、小規模宅地等の特例の適用を受けて同額の評価減がある場合でも、納税猶予を受ける長男から小規模宅地等の特例を選択した方が全体の納付税額は少なくなります。しかし、長女は納付税額が増えることになるため、相続人間において有利・不利が混在します。

(2) 配偶者の税額軽減と小規模宅地等の特例選択の留意点

　小規模宅地等の特例の適用を受けることができる宅地等が複数ある場合、限度面積調整後の1㎡当たりの減額金額が最も大きくなる宅地等を選択することが有利となります。

　しかし、配偶者の税額軽減の影響を受ける場合には、必ずしも有利になるとは限りません。そのことを、以下の設例で確認してみます。

設 例

1　**被相続人**　父(令和6年3月死亡)
2　**相続人**　母、長男(両親とは別生計)

3 相続財産と遺産分割

（単位：万円）

	母	長男
A居住用宅地等（330㎡）	3,300	－
B駐車場（200㎡）	－	4,000
その他の財産	17,850	17,150

4 相続税額等の計算

（単位：万円）

	A居住用宅地等から小規模宅地等の特例を選択		B駐車場から小規模宅地等の特例を選択	
	母	長男	母	長男
A居住用宅地等	3,300	－	3,300	－
B駐車場	－	4,000	－	4,000
小規模宅地等の特例	（注1）△2,640	－	－	（注2）△2,000
その他の財産	17,850	17,150	17,850	17,150
課税価格	18,510	21,150	21,150	19,150
相続税の総額	10,784		11,040	
算出税額	5,033	5,751	5,794	5,246
配偶者の税額軽減	△5,033	－	（注3）△5,520	－
納付相続税額	0	5,751	274	5,246
合計納付税額	5,751		5,520	

（注1） 3,300万円×80％＝2,640万円
（注2） 4,000万円×50％＝2,000万円
（注3） 11,040万円×1／2＝5,520万円

　小規模宅地等の特例選択においては、A居住用宅地等から選択した方が「相続税の総額」は256万円減額されることとなります。
　しかし、母が相続したA居住用宅地等から小規模宅地等の特例を選択した場合には、小規模宅地等の特例による軽減額は、配偶者の税額軽減

の計算において吸収されることとなることから、計算結果は逆に、長男が相続したB駐車場から当該特例の選択をした方が納付税額は231万円少なくなります。

(3) 配偶者が相続した宅地等から小規模宅地等の特例の適用を受けないことが有利？！

小規模宅地等の特例の適用は、配偶者が相続した宅地等に適用しないようにした方が、相続税の負担は軽減されます。すなわち、配偶者が取得した宅地等から小規模宅地等の適用を受ける場合で、配偶者が法定相続分以上相続するときは、第一次相続における相続税額は変わりませんが、第二次相続までの通算相続税で比較すると大きな負担額の差が生じます。そのことを、設例で確認してみます。

設 例

1 被相続人　父（令和6年3月死亡）
2 相続人　　母、長男
3 相続財産
　　A土地（400㎡）　相続税評価額20,000万円（小規模宅地等の特例適用前）
　　B土地（400㎡）　相続税評価額20,000万円（小規模宅地等の特例適用前）
　　その他　　　　　相続税評価額16,000万円
　　A土地及びB土地は、いずれも特定事業用宅地等として母又は長男のいずれが相続しても小規模宅地等の特例（400㎡まで80％減）の適用を受けることができるものとします。

〈ケース1〉 第一次相続で長男が相続したB土地につき小規模宅地等の特例の適用を受け、減額後の課税価格を基に法定相続分どおり相続する場合

(単位：万円)

相続財産	通常の評価	減額後課税価格	第一次相続		第二次相続	
			相続人	財産額	相続人	財産額
A土地	20,000	20,000	母	20,000	長男	4,000
B土地	20,000	4,000	長男	4,000	−	−
その他	16,000	16,000	長男	16,000	−	−
合計	56,000	40,000	−	40,000	−	4,000

〈ケース2〉 第一次相続で母が相続したB土地につき小規模宅地等の特例の適用を受け、減額後の課税価格を基に法定相続分どおり相続する場合

(単位：万円)

相続財産	通常の評価	減額後課税価格	第一次相続		第二次相続	
			相続人	財産額	相続人	財産額
A土地	20,000	20,000	長男	20,000	−	−
B土地	20,000	4,000	母	4,000	長男	4,000
その他	16,000	16,000	母	16,000	長男	16,000
合計	56,000	40,000	−	40,000	−	20,000

〈ケース3〉 第一次相続で母が相続したB土地につき小規模宅地等の特例の適用を受け、通常の評価額を基に法定相続分どおり相続する場合

(単位：万円)

相続財産	通常の評価	減額後課税価格	第一次相続 相続人	第一次相続 財産額	第二次相続 相続人	第二次相続 財産額
A土地	20,000	20,000	長男	20,000	−	−
B土地	20,000	4,000	母	4,000	長男	4,000
その他	16,000	16,000	母	8,000	長男	8,000
			長男	8,000	−	−
合　計	56,000	40,000	−	40,000	−	12,000

　ケース1及びケース2のいずれの場合も、第一次相続では、小規模宅地等の特例適用後の課税価格で、母は2億円（法定相続分）相続していますので、配偶者の税額軽減を最大限活用しています。

　一方、ケース3では、小規模宅地等の特例適用後の課税価格4億円のうち、母は1億2000万円しか相続していないことから、配偶者の税額軽減を最大限活用していないため、相続税負担は重くなります。

　また、第二次相続においては、ケース1では、第一次相続で母は通常の評価額でA土地を相続していますが、第二次相続でA土地を長男が相続するときに、小規模宅地等の特例を受けることができ、母の課税価格は4,000万円となります。

　ケース2では、第一次相続で母が小規模宅地の特例の適用を受けたB土地を相続していますので、第二次相続のときには、B土地は一旦通常の評価額2億円で評価され、その後、B土地について、小規模宅地等の特例の適用を受けることにより4,000万円の評価額になり、その他の財産16,000万円を合わせて母の相続における課税価格は2億円となります。

　ケース3では、ケース2と同様に第二次相続のときには、B土地は

4,000万円の評価額となり、その他の財産8,000万円と合わせて母の相続税の課税価格は1.2億円となります。

その結果、相続税負担は次のようになります。

●ケース別相続税額

（単位：万円）

	ケース1		ケース2		ケース3	
	第一次相続	第二次相続	第一次相続	第二次相続	第一次相続	第二次相続
母	0	－	0	－	0	－
長男	5,460	40	5,460	4,860	7,644	1,820
合計	5,500		10,320		9,464	

　ケース1とケース2とを比較すると、第二次相続まで通算した相続税額はケース1の方が4,820万円（10,320万円－5,500万円）少なく、ケース1とケース3の比較ではケース1の方が3,964万円（9,464万円－5,500万円）有利になります。

　以上の結果から、母は可能な限り相続した宅地等について小規模宅地等の特例の適用を受けないように遺産分割を工夫すれば、相続税負担は大きく軽減されます。

　小規模宅地等の特例の適用は、相続又は遺贈によって特例対象宅地等を取得したすべての個人の選択の同意が必要とされていて、一度選択した特例対象宅地等は、原則として他の宅地等への変更はできません。そのため、誰が相続した宅地等でその特例の適用を受けるか慎重に検討しなければなりません。

⑷　**新たに貸付事業の用に供された宅地等**

　相続開始の直前において被相続人等の事業（不動産貸付業、駐車場業、自転車駐車場業及び準事業に限ります。）の用に供されていた宅地等の

うち、「3年以内貸付宅地等」については、原則として、貸付事業用宅地等として小規模宅地等の特例の適用を受けることができません。

しかし、「被相続人が相続開始前3年以内に開始した相続又はその相続に係る遺贈により貸付事業の用に供されていた宅地等を取得し、かつ、その取得の日以後当該宅地等を引き続き貸付事業の用に供していた場合における当該宅地等は、新たに貸付事業の用に供された宅地等に該当しないものとする。」(措令40の2⑨⑳)とされています。

そこで、被相続人である父が相続開始前3年以内に賃貸マンションを取得し新たに賃貸業を開始し、その直後に死亡した場合、父の賃貸マンションは母が相続し、仮に母がその直後に死亡したときは、父が新たに貸付事業の用に供してから、母の相続までの期間は3年以内に該当すると仮定した設例を確認していきます。

設 例

1 被相続人　父（令和6年3月死亡）
2 相続人　　母（令和6年12月死亡）、長男
3 相続財産
　(1)　父の相続財産遺産分割

（単位：万円）

	分割案1		分割案2	
	母	長男	母	長男
賃貸マンション(注)	3,000	－	－	3,000
同上　土地（200㎡）	4,000	－	－	4,000
その他の財産	1,500	8,500	8,500	1,500

(注)　令和4年10月に父が取得（10室）し、直後に賃貸開始した。なお、賃貸マンションは相続人によって相続後も継続して賃貸されている。

(2) 母　その他の財産　5,000万円

4　相続税の計算

（単位：万円）

	分割案1			分割案2		
	父の相続		母の相続	父の相続		母の相続
	母	長男	長男	母	長男	長男
賃貸マンション	3,000	−	3,000	−	3,000	−
同上　土地	4,000	−	4,000	−	4,000	−
小規模宅地等の特例	−	−	△2,000	−	−	−
その他の財産	1,500	8,500	1,500	8,500	1,500	8,500
母固有の財産	−	−	5,000	−	−	5,000
課税価格	8,500	8,500	11,500	8,500	8,500	13,500
相続税の総額		2,440	1,670		2,440	2,270
各人の算出税額	1,220	1,220	1,670	1,220	1,220	2,270
配偶者の税額軽減	△1,220	−	−	△1,220	−	−
納付税額	0	1,220	1,670	0	1,220	2,270
通算相続税		2,890			3,490	

　設例の場合、父の相続では、いずれの分割案であっても納付税額は同額です。しかし、母の相続では、賃貸マンションの土地は、父が賃貸開始した令和4年10月から母の相続開始（令和6年12月）までの賃貸期間は3年未満ですが、母は相続によって取得した賃貸マンションを相続後も継続して賃貸していることから「3年以内貸付宅地等」には該当しません。そのため、賃貸マンションの土地は貸付事業用宅地等として小規模宅地等の特例の適用を受けることができます。

　その結果、母の相続の際には、小規模宅地等の特例の適用を受けることで、相続税が軽減されることになります。

コラム 相続開始前3年以内に貸付けの形態が変わった場合の貸付事業用宅地等

　被相続人等の事業の用に供されていた宅地等のうち、貸付事業の用に供されていた宅地等については、「貸付事業用宅地等」として小規模宅地等の特例を適用することができますが、相続開始前3年以内に新たに被相続人等の貸付事業の用に供された宅地等は、貸付事業用宅地等に該当しないこととされています。ただし、被相続人等が、相続開始の日まで3年を超えて引き続き特定貸付事業（事業的規模による貸付けなど）を行っていた場合には、相続開始前3年以内に新たに貸付事業の用に供された宅地等であっても、貸付事業用宅地等に該当するものとされます（措法69の4①、③四）。

　そこで、被相続人が10年以上前から所有していたアパートを、令和5年に同族法人へ譲渡し、その敷地はその法人と「土地の無償返還に関する届出書」を提出して賃貸借としている場合に、被相続人が令和6年4月に死亡したときに、被相続人の貸付事業は、アパートを同族法人に譲渡するまでは建物の貸付けであったものが、譲渡後は土地の貸付けに貸付形態が変更されており、新たに土地の貸付けが行われることになったとみることもできます。

　しかしながら、当該土地は、10年以上前からアパートの敷地として被相続人の貸付事業の用に供されており、アパートの譲渡後も引き続き被相続人の貸付事業の用に供されていることに変わりはありません。

　また、租税特別措置法通達69の4－24の3において、「新たに貸付事業の用に供された」とは、貸付事業の用以外の用に供されていた宅地等が貸付事業の用に供された場合、又は、宅地等若しくはその上にある建物等につき何らの利用がされていなかった場合のその宅地等が貸付事業の用に供された場合をいう旨が、留意的に明らかにされています。

　そのことから、同族法人へ貸付けられているその敷地については、貸付事業用宅地等として小規模宅地等の特例の適用を受けることができます。

> **コラム** **生前対策**
>
> 小規模宅地等の特例の適用を受けようと考える場合に、生前対策としては以下のようなことに留意して対応策を実行しておかなければなりません。
>
> **(1) 貸付事業用宅地等（建物又は構築物の敷地の用）**
>
> 宅地等とは建物又は構築物の敷地の用に供されていることが必要であることから、いわゆる青空駐車場については、地面をコンクリートなどで舗装しているような場合、コンクリートなどは構築物に該当するので小規模宅地等の特例の対象となります。
>
> そのため、地道のままで駐車場の用に供していると小規模宅地等の特例の対象となりません。
>
> 【参考資料】
>
> 青空駐車場の土地について、貸付事業用宅地等の特例の適用を受けるために、舗装工事を行う場合、およそ200㎡×7,000円＝1,400,000円の予算が必要となります。
>
> 青空駐車場の土地（200㎡）に舗装工事を行う場合の税効果は以下のようになります。
>
> 《前提条件》
> ・ 相続税の限界税率　20％
> ・ 所得税及び住民税の税率　15.21％（復興特別所得税を含む）

(単位:円)

路線価	自用地評価額	小規模宅地等の特例	相続税の軽減額	所得税等の軽減額 (注)	税効果合計
30,000	6,000,000	3,000,000	600,000	212,940	812,940
50,000	10,000,000	5,000,000	1,000,000		1,212,940
60,000	12,000,000	6,000,000	1,200,000		1,412,940
70,000	14,000,000	7,000,000	1,400,000		1,612,940
100,000	20,000,000	10,000,000	2,000,000		2,212,940

(注) 1,399,999円×15.21%≒212,940円

　上記の前提条件の場合、路線価が60,000円以上であれば、舗装工事費用が1,400,000円かかっても、税効果を考慮すると舗装工事を実行して、確実に「貸付事業用宅地等」として小規模宅地等の特例の適用を受けることが有利な選択となります。

(2) **生前贈与した宅地等は適用対象外**

　小規模宅地等の特例が適用される財産は、個人が相続又は遺贈により取得した財産に限られています(措法69の4①)。

　したがって、贈与を受けた財産の価額が生前贈与加算の規定によって、相続税の課税価格に加算されたとしても、その贈与を受けた財産については小規模宅地等の特例の適用を受けることができません。

　生前贈与を行う際には、この点に注意して贈与する宅地等を選択する必要があります。

(3) **特定事業用宅地等**

　相続開始の直前において被相続人等の事業(不動産貸付業、駐車場業、自転車駐車場業及び準事業を除きます。)の用に供されていた宅地等のうち、その相続の開始前3年以内に新たに事業の用に供された宅地等については、小規模宅地等の特例の適用を受けることができま

せん。

しかし、相続開始前3年以内に新たに事業の用に供された宅地等であっても、一定の規模以上の事業(注)を行っていた被相続人等の事業の用に供された宅地等については、3年以内事業宅地等に該当しません。

そのため、新たに事業の用に供された宅地等について、特定事業用宅地等として小規模宅地等の特例の適用を受けようと考える場合には、一定規模以上の建物等を建築するなどの対応が求められます。

(注) 一定の規模以上の事業とは、その宅地等の上の建物・構築物や減価償却資産の合計額のうち被相続人等が有していたものの相続開始時の価額の合計額を、新たに事業の用に供された宅地等の相続開始時の価額で除してその割合が15％以上である場合をいいます（措令40の2⑧）。

(4) 特定同族会社事業用宅地等及び貸付事業用宅地等

個人所有の土地を同族法人へ貸借する場合に、「土地の無償返還に関する届出書」方式を採用することが多くあります。

使用貸借型による「土地の無償返還に関する届出書」方式では、「相当の対価(注)により継続して賃貸」していないことから、小規模宅地等の特例の適用を受けることができません。

(注) 固定資産税その他の必要経費をカバーする程度の対価であることが必要です。

そのため、賃貸借型の「土地の無償返還に関する届出書」方式に変更し、相当の対価の支払をするようにしておく必要があります。

4 地積規模の大きな宅地

地積規模の大きな宅地とは、三大都市圏においては500㎡以上の地積の宅地、三大都市圏以外の地域においては1,000㎡以上の地積の宅地をいいます（評基通20-2）。

また、路線価地域に所在する場合、「地積規模の大きな宅地の評価」

の対象となる宅地は、路線価に、奥行価格補正率や不整形地補正率などの各種画地補正率のほか、規模格差補正率を乗じて求めた価額に、その宅地の地積を乗じて計算した価額によって評価します。

$$評価額 = 路線価 \times \begin{array}{c}奥行価格\\補正率\end{array} \times \begin{array}{c}不整形地補正率など\\の各種画地補正率\end{array} \times \begin{array}{c}規模格差\\補正率\end{array} \times 地積（㎡）$$

規模格差補正率は、次の算式により計算します（小数点以下第2位未満は切り捨てます。）。

$$規模格差補正率 = \frac{Ⓐ \times Ⓑ \times Ⓒ}{地積規模の大きな宅地の地積（Ⓐ）} \times 0.8$$

上記算式中の「Ⓑ」及び「Ⓒ」は、地積規模の大きな宅地の所在する地域に応じて、それぞれ次に掲げる表のとおりです。

● 三大都市圏に所在する宅地

地積	普通商業・併用住宅地区、普通住宅地区	
	Ⓑ	Ⓒ
500㎡以上1,000㎡未満	0.95	25
1,000㎡以上3,000㎡未満	0.90	75
3,000㎡以上5,000㎡未満	0.85	225
5,000㎡以上	0.80	475

● 三大都市圏以外の地域に所在する宅地

地積	普通商業・併用住宅地区、普通住宅地区	
	Ⓑ	Ⓒ
1,000㎡以上3,000㎡未満	0.90	100
3,000㎡以上5,000㎡未満	0.85	250
5,000㎡以上	0.80	500

　「地積規模の大きな宅地の評価」の対象となる宅地は、路線価地域に所在するものについては、地積規模の大きな宅地のうち、「普通商業・併用住宅地区」及び「普通住宅地区」に所在するものとなります（評基通20－2）。

　そのため、評価対象となる宅地が中小工場地区などに所在すると「地積規模の大きな宅地の評価」を適用することができません。

　また、指定容積率が400％（東京都の特別区においては300％）以上の地域に所在する宅地は除かれることとされています（評基通20－2(3)）。

　地積規模の大きな宅地の評価を適用する場合の正面路線価は、路線価に各路線の地区に適用される奥行価格補正率を乗じて計算した金額の高い路線で判定します。その場合、正面路線の地区区分が2以上ある場合には、その宅地の全部がその宅地の過半の属する用途地域に所在するものと判定します（国税庁質疑応答事例「正面路線が2以上の地区にわたる場合の地区の判定」）。

　地積規模の大きな宅地の地積は、土地の評価単位によって異なりますので、判定に留意しておかなければなりません。

　そこで、中小工場地区と普通住宅地区が混在する土地を青空駐車場として利用していた場合の遺産分割について相続税の軽減効果を設例で確

認します。

① 正面路線と二方路線とで地区区分が異なる場合の判定

設　例

1　被相続人　父（令和6年3月死亡）
2　相続人　長男、長女
3　父所有の土地

【現況】

```
　　　　←―――― 100 ――――→
　　　　┌─────────────────┐
　　　　│ 普通住宅地区に該当　│
　　　　│ （400㎡）　　　　　│
32m ┤　├─────────────────┤
　　　　│ 中小工場地区に該当　│
　　　　│ （600㎡）　　　　　│
　　　　└─────────────────┘
　　　　←―――― ⟨100⟩ ――――→
```

【遺産分割】

```
　　　　←―――― 100 ――――→
　　　　┌─────────────────┐
16m ┤　│ A土地
　　　　│ 普通住宅地区400㎡
　　　　│ 中小工場地区100㎡
　　　　├─────────────────┤
　　　　│ B土地
　　　　│ 中小工場地区500㎡
　　　　└─────────────────┘
　　　　←―――― ⟨100⟩ ――――→
```

① 　三大都市圏に所在（地積1,000㎡：容積率200％）
② 　中小工場地区600㎡と普通住宅地区400㎡が混在する土地
③ 　現況　青空駐車場

4　遺産分割
① 　長男が現況のまま相続する
② 　長男がA土地を、長女がB土地を分割して相続する

5　土地の相続税評価額
(1) 　長男が現況のまま相続する場合
　① 　正面路線の判定
　　　・普通住宅地区　100千円×0.93（奥行価格補正率）＝93千円
　　　・中小工場地区　100千円×1.00（奥行価格補正率）＝100千円
　　　∴　中小工場地区として判定

(注) 奥行価格補正率は、普通住宅地区は、10m以上24m未満の場合は1.0、32m以上36m未満の場合は0.93、中小工場地区は、16m以上20m未満の場合は0.99、20m以上60m未満の場合は1.0とされています。

② 評価金額

（10万円＋10万円×1.0（中小工場地区の奥行価格補正率）×0.02（二方路線影響加算率））×1,000㎡＝10,200万円

(注) 中小工場地区（正面路線の地区区分で判定）における二方路線影響加算率は「0.02」とされています。その他の補正はないものと仮定します。

(2) 二分割して相続する場合

① A土地

10万円×1.0（普通住宅地区の奥行価格補正率）×500㎡×0.8(注)＝4,000万円

(注) 規模格差補正率 （500㎡×0.95＋25）÷500㎡×0.8＝0.8

② B土地

10万円×0.99（中小工場地区の奥行価格補正率）×500㎡＝4,950万円

③ ①＋②＝8,950万円

長男が現況のまま土地を相続すると、正面路線価は「中小工場地区」に該当し、地積規模の大きな宅地に該当しません。しかし、遺産分割によって宅地を二分割して、長男と長女がそれぞれ相続すると、宅地の評価単位は2つに区分して評価され、A土地については、普通住宅地区と中小工場地区の混在する土地に該当しますが、普通住宅地区の面積が過半となり、三大都市圏に所在し、面積が500㎡以上であることから、地積規模の大きな宅地の評価を適用することができます。

6 効果の確認

土地を分割して相続することによって、その宅地の評価額は10,200万円－8,950万円＝1,250万円軽減されます。

5　同族株主等以外の株主による自社株の取得

　取引相場のない株式は、相続や贈与などで株式を取得した株主が、その株式を発行した会社の経営支配力を持っている同族株主等か、それ以外の株主かの区分により、それぞれ原則的評価方式又は特例的な評価方式の配当還元方式により評価します。

　同族株主がいる会社の評価方法を図表にすると以下のとおりです。

● 　同族株主のいる会社

株主の態様							評価方式
評価対象者	同族株主	評価対象者	取得後の議決権割合が5％以上の株主				原則的評価方式（類似業種比準方式又は純資産価額方式、若しくはそれらの併用方式）
			取得後の議決権割合が5％未満の株主	評価会社	中心的な同族株主がいない場合		
					中心的な同族株主がいる場合	評価対象者	中心的な同族株主	
						役員又は役員予定者	
						その他の株主	特例的評価方式（配当還元方式）
	同族株主以外の株主						

(1)　同族株主とは

　課税時期における評価会社の株主のうち、株主の1人及びその同族関係者の有する議決権割合の合計数が、その会社の議決権総数の**30％以上**である場合におけるその株主及びその同族関係者をいいます。（同族関係者とは、親族（配偶者、6親等内の血族、3親等内の姻族）、特殊関係のある個人（内縁関係にある者等）及び特殊関係にある会社（子会社、孫会社等）をいいます。以下同じ。）

なお、この場合において、その評価会社の株主のうち、株主の1人及びその同族関係者の有する議決権割合の合計数のうち最も多いグループの有する議決権割合の合計数が、その会社の議決権総数の50％超である会社にあっては、**50％超**のその株主及び同族関係者をいいます。

(2) 取得後とは

相続税の課税方法の考え方としては、①遺産の総額を採る「遺産課税方式」と、②取得者ごとの取得財産を採る「遺産取得課税方式」との2つの方式があります。

現在の課税方式は、「遺産取得課税方式」に「遺産課税方式」の要素を一部取り入れたもの（法定相続分課税方式）となっています。

そのため、取得後の議決権割合が5％未満であるか、中心的な同族株主に該当するかどうかなどについては、すべて課税時期、すなわち相続等による株式取得後の状況において判定することになります。

(3) 中心的な同族株主とは

課税時期において、同族株主の1人並びにその株主の配偶者・直系血族・兄弟姉妹及び一親等の姻族の有する株式の合計数が、その会社の議決権数の25％以上である場合におけるその株主をいいます。

● 中心的な同族株主判定の基礎となる同族株主の範囲（網掛け部分）

～株主Aについて判定する場合～

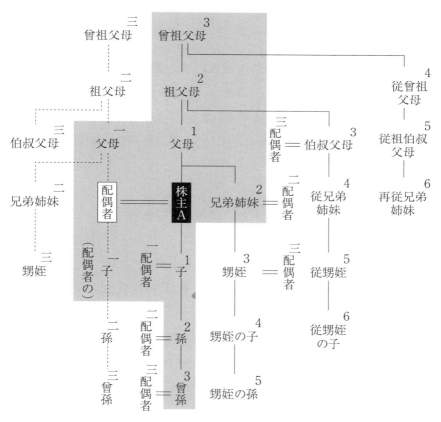

(注1) 肩書数字は親等を、うち算用数字は血族、漢数字は姻族を示しています。
(注2) 養親族関係…養子と養親及びその血族との間においては、養子縁組の日から血族間におけると同一の親族関係が生じます。

(4) 役員とは

社長、理事長のほか、次に掲げる者（法人税法施行令第71条第1項第1号、第2号、第4号）をいいます。

　イ　代表取締役、代表執行役、代表理事及び清算人

ロ 副社長、専務、専務理事、常務、常務理事その他これらに準ずる職制上の地位を有する役員
ハ 取締役（委員会設置会社の取締役に限る。）、会計参与及び監査役並びに監事

以上のことから、財産評価基本通達上の「役員」には、委員会設置会社以外の会社における一般の取締役は、含まれません。

また、役員に該当するか否かの判定は、課税時期において「役員」である者か、又は課税時期の翌日から法定申告期限までの間に「役員」となる者であるかによって行います。

取引相場のない株式等の相続税評価額は、同族株主がいる場合に、その株式を相続した相続人等が同族株主に該当し、かつ、支配権を有するか否かによって、株式の評価方法が異なります。

支配権を有する同族株主が取得する株式は、「原則的評価方式」によって評価され、支配権を有しない同族株主の場合には、「特例的評価方式（多くは配当還元価額）」によって評価することとされています。

この場合、遺産分割によって同族株主が取得する株式数（議決権数）によって支配権の有無を判定することとされています。

(5) 特例的評価方式による相続

同族株主が取得する株式でも、取得後の議決権割合が5％未満で、かつ、中心的な同族株主に該当しない場合などには、特例的評価方式によって評価することができます（評基通188）。

そこで、相続発生後において、同族株主に該当する株主が、遺産分割によってどのように自社株を相続するかにより、A社株式の相続税評価額がどう増減するかについて設例で確認します。

① 被相続人の議決権割合が12%で、相続人が子3人の場合

> **設 例**
>
> 1　**被相続人**　父（令和6年3月死亡）
> 2　**相続人**　長男、二男、長女（全員A社の役員ではない）
> 3　**相続財産**
>   ①　（株）A社株式　1,200株（12%所有し、すべて普通株式で議決権は1株につき1個。原則的評価方式による価額2万円・配当還元価額500円）
>   ②　その他　22,800万円
> 4　**（株）A社の株主の状況**
>   父の兄が株式の6,800株（68%）の株式を、父の兄の子は2,000株（20%）所有しています。父の兄が代表取締役、父は専務取締役で、父の兄の子が取締役に就任していて将来の後継予定者と目されています。
> 5　**分割方法**
>   ①　分割案1　A株式及びその他の財産は法定相続分（1/3）どおり相続する
>   ②　分割案2　A社株式は長男がすべて相続し、その他の財産は法定相続分どおり相続する

(単位：万円)

	分割案1 （A社株式を均分に相続）				分割案2 （A社株式全株を長男が相続）			
	長男	二男	長女	合計	長男	二男	長女	合計
A社株式	20	20	20	60	2,400	−	−	2,400
その他	7,600	7,600	7,600	22,800	7,600	7,600	7,600	22,800
課税価格	7,620	7,620	7,620	22,860	10,000	7,600	7,600	25,200
相続税の総額		3,318		3,318		4,020		4,020
各人の相続税	1,106	1,106	1,106	3,318	1,596	1,212	1,212	4,020

分割案2によると、長男は同族株主で、かつ、取得後の議決権割合が5％以上となることから、A社株式の相続税評価額は原則的評価方式によって評価することとなります。

　一方、分割案1によれば長男・二男及び長女は、全員同族株主に該当しますが、取得後の議決権割合は5％未満で、他に中心的な同族株主（父の兄やその子）がいて、長男・二男及び長女は中心的な同族株主に該当せず、かつ、役員でもないことから、特例的評価方式によって評価することができます（評基通188(2)）。

〈分割案1による遺産分割を行った場合の原則評価・特例評価判定表〉

	父の兄	父の兄の子	長男	二男	長女	合計	判定
	6,800	2,000	400	400	400	10,000	
父の兄	6,800	2,000	－	－	－	8,800	○
父の兄の子	6,800	2,000	－	－	－	8,800	○
長男	－	－	400	400	400	1,200	×
二男	－	－	400	400	400	1,200	×
長女	－	－	400	400	400	1,200	×

② 被相続人の議決権割合が20％で、相続人が配偶者と子2人の場合

> **設例**
>
> 1　**被相続人**　父（令和6年3月死亡）
> 2　**相続人**　母、長男、長女
> 3　**父の相続財産**
> 　(1)　B社株式　20,000株（原則的評価額　5,000円/株、配当還元価額200円/株）
> 　(2)　その他の財産　30,000万円
> 　(注)　B社（7月決算）の発行済株式数と株主

発行済株式数100,000株（父の兄80,000株、父20,000株）

4 遺産分割

(1) B社株式

① 分割案1　母10,002株、長男4,999株、長女4,999株

② 分割案2　母10,000株、長男5,000株、長女5,000株

母はB社株式を相続した後に、長男の妻とその子へそれぞれ3,400株を、長女の子へ残余の株式を令和6年7月に贈与した。

(2) その他の財産　法定相続分どおり相続する

5 相続税の計算

（単位：万円）

	分割案1			分割案2		
	母	長男	長女	母	長男	長女
A社株式	5,001	100	100	5,000	2,500	2,500
その他の財産	15,000	7,500	7,500	15,000	7,500	7,500
課税価格	20,001	7,600	7,600	20,000	10,000	10,000
相続税の総額	7,540			9,220		
各人の算出税額	4,284	1,628	1,628	4,610	2,305	2,305
配偶者の税額軽減	△3,770	－	－	△4,610	－	－
納付税額	514	1,628	1,628	0	2,305	2,305
合計税額	3,770			4,610		

この設例の場合、母、長男及び長女は全員同族株主に該当します。しかし、被相続人の議決権割合が20％で相続人（同族株主）が配偶者と子2人の場合、誰が何株相続するかによって、原則的評価方式で評価される相続人と、配当還元方式によって評価される相続人に区分されます。

分割案1の場合、母は相続によって取得した株式数（議決権割合）は、10,002株÷100,000株≒10％で5％以上であることから、その株式は「原則的評価方式」によって評価されます。一方、長男や長女は取得後の議決権割合は5％未満で、かつ、中心的な同族株主に該当しないことから「特例的評価方式（配当還元価額）」によって評価することになります。

分割案2の場合、相続人全員が同族株主で取得後の議決権割合が5％以上となるため、「原則的評価方式」によって評価されます。

なお、母が相続した株式を長男や長女の子などへ贈与する場合の株式の評価額も、受贈者全員同族株主に該当しますが、取得後の議決権割合が5％未満になるように贈与すれば「配当還元方式」によって評価され、その価額は贈与税の基礎控除額以下の贈与になることから、贈与税も課税されません。

③ 同族株主がいない会社の場合

株式会社C社（発行済株式数10,000株・議決権総数10,000個）は同族株主のいない会社ですが、その株主である甲及びその親族が所有するC社の株式数に応じた議決権割合は以下のとおりであり、他の株主にこれらの者の同族関係者はいません。

甲が死亡し、C社株式を甲の配偶者乙、又は甲の子が相続したときには、その株式はどのように評価することとなるのか検証してみます。

設　例

1　C社株主の現状

甲400株（2.5％）、甲の妻（乙）100株（1％）、甲の子50株（0.5％）、甲の兄（丙）1,500株（15％）、その他甲の親族以外の少数株主で構成されている。

株主	続柄	株式数（単位：株）		
		相続開始前	甲の株式の相続人	
			乙が相続	甲の子が相続
甲	本人	400	0	0
乙	甲の妻	100	500	100
甲の子	甲の子	50	50	450
丙	甲の兄	1,500	1,500	1,500
その他	第三者	7,950	7,950	7,950
合計	—	10,000	10,000	10,000

(1) 乙が甲のC社株式を相続したとき

　乙が甲のC社株式を相続したときには、乙は、丙が3親等内の姻族に当たり、「株主の1人及びその同族関係者の有する議決権の合計数」が15％以上のグループに属し、乙の相続後の議決権割合が5％以上であることから、乙は原則的評価方式によって評価することとなります。

(2) 甲の子が甲のC社株式を相続したとき

　甲の子が甲のC社株式を相続した場合には、甲の子は、丙が6親等内の血族に当たるので、甲の子は、議決権割合の合計が15％以上のグループに属しますが、丙が中心的な株主であり、かつ、甲の子の相続後の議決権割合が5％未満であることから、その子が役員又は相続税の申告期限までに役員となる者でない限り、配当還元方式が適用されることとなります。

株主の態様				評価方式
議決権割合の合計が15％以上の株主グループに属する株主	取得後の議決権割合が5％以上の株主			原則的評価方式（類似業種比準方式又は純資産価額方式、若しくはそれらの併用方式）
	取得後の議決権割合が5％未満の株主	中心的な株主がいない場合		
		中心的な株主がいる場合	役員又は役員予定者	
			その他の株主	特例的評価方式（配当還元方式）
議決権割合の合計が15％未満の株主グループに属する株主				

　甲の子は、上記図表の「その他の株主」に該当し、特例的評価方式によって評価することができます。

6　相続人が未成年者又は障害者である場合

(1)　未成年者

　相続人が未成年者のときは、相続税の額から、その未成年者が満18歳（令和4年3月31日以前に開始した相続は20歳）になるまでの年数1年につき10万円で計算した金額を、未成年者控除として差し引きます。

　未成年者控除が受けられるのは、相続や遺贈で財産を取得したときに18歳未満である人などとされています。

　なお、相続や遺贈で財産を取得した人が法定相続人（相続の放棄があった場合には、その放棄がなかったものとした場合における相続人）であれば、この規定の適用を受けることができます（相法19の3）。

　また、未成年者控除額が、その未成年者本人の相続税額より大きいた

め控除額の全額が引き切れない場合には、その引き切れない部分の金額をその未成年者の扶養義務者(注)の相続税額から差し引きます。

(注) 扶養義務者とは、配偶者、直系血族及び兄弟姉妹のほか、三親等内の親族のうち一定の者をいいます。

　以上のことから、未成年者控除の適用を受けるためには、相続又は遺贈によって財産を取得することが必要です。

(2) 障害者

　相続人が85歳未満の障害者のときは、相続税の額から、その障害者が満85歳になるまでの年数１年につき10万円（特別障害者の場合は１年につき20万円）で計算した金額を、障害者控除として差し引きます。

　障害者控除が受けられるのは、相続や遺贈で財産を取得した時に障害者である人、相続や遺贈で財産を取得した人が法定相続人（相続の放棄があった場合には、その放棄がなかったものとした場合における相続人）であることなどとされています（相法19の４）。

　なお、障害者控除額が、その障害者本人の相続税額より大きいため控除額の全額が引き切れない場合には、その引き切れない部分の金額をその障害者の扶養義務者(注)の相続税額から差し引きます。

(注) 扶養義務者とは、配偶者、直系血族及び兄弟姉妹のほか、三親等内の親族のうち一定の者をいいます。

　以上のことから、障害者控除の適用を受けるためには、相続又は遺贈によって財産を取得することが必要です。

> **設　例**
>
> 1　被相続人　母（令和6年3月死亡）
> 2　相続人　　長男、二男（40歳・一般障害者）
> 3　相続財産　1億円
> 4　遺産分割
> 　分割案1　長男がすべて相続する
> 　分割案2　法定相続分どおり相続する
> 5　相続税の計算
>
> （単位：万円）
>
> | | 分割案1 | | 分割案2 | |
> | --- | --- | --- | --- | --- |
> | | 長男 | 二男 | 長男 | 二男 |
> | 課税価格 | 10,000 | − | 5,000 | 5,000 |
> | 各人の算出税額 | 770 | 0 | 385 | 385 |
> | 障害者控除(注) | − | − | △65 | △385 |
> | 納付税額 | 770 | 0 | 320 | 0 |
>
> (注)　分割案2場合、二男が相続によって財産を取得しているため、障害者控除の適用を受けることができます。また、控除しきれない額（450万円−385万円＝65万円）は扶養義務者である長男の相続税から控除することができます。

7　死亡退職金

(1)　死亡退職金の課税関係

　被相続人の死亡を原因として相続人その他の者がその<u>被相続人に支給されるべきであった退職金で被相続人の死亡後3年以内に支給が確定したもの</u>の支給を受けた場合には、相続又は遺贈により取得したものとみなされ、相続税の課税対象となります（相法3①二）。

　この「支給が確定したもの」とは、被相続人に支給されるべきであっ

た退職金の額が被相続人の死亡後3年以内に確定したものをいい、実際に支給される時期が被相続人の死亡後3年以内であるかどうかを問いません。この場合において支給されることは確定していてもその額が確定していないものについては、支給が確定したものには該当しません（相基通3－30）。

なお、被相続人の生前退職による退職金については、生存中にその支給額が確定したものは所得税が課税されますが、その支給額が被相続人の死亡前に確定しなかったもので、被相続人の死亡後3年以内に確定したものは相続財産とみなされる退職金に該当します（相基通3－31）。

被相続人の死亡後に支給期の到来する退職金のうち、相続税の課税対象とされるものについては、被相続人の所得としては課税されません（所基通9－17）が、それ以外のもの、例えば被相続人の死亡後3年経過後に確定した退職金のように、被相続人の所得には該当せず、相続税の課税対象にもされないものは、その支払を受ける遺族の一時所得として取り扱われます（所基通34－2）。

(2) みなし相続財産か一時所得のいずれが有利か

被相続人の死亡後3年以内に支給が確定した死亡退職金は、みなし相続財産として相続税が課されます。この場合、相続人が受け取った死亡退職金は一定の非課税金額の適用を受けることができます。

一方、被相続人の死亡後3年を経過して死亡退職金の支給額が確定した場合には、遺族に対する一時所得として課税されることになります。

法人税は退職金の支給額が確定した事業年度の損金の額に算入されることになります。

被相続人が所有する株式の相続税評価額は、評価対象会社が「大会社」以外の会社規模区分に該当する場合には、純資産価額の計算において死亡退職金が債務に計上されることから株価が低く評価されることが

あります。

　共同相続人間での争いがなく、かつ、株主及びその会社の役員が相続人で占められている場合などでは、以上のことを総合的に勘案して、死亡退職金の支給額の確定時期を決めることが肝要です。

設　例

1　**被相続人**　父（令和６年３月死亡）
2　**相続人**　母、長男、長女
3　**遺産の総額**　10億円（不動産２億円、A社株式２億円、現預金６億円）
4　**遺産分割**　母と長女が不動産を１／２ずつ、A社株式は長男が、現預金は母が４億円、長男が5,000万円、長女が1.5億円相続する
5　**死亡退職金**　１億円
　以下のように決議された。
　①　令和４年６月に株主総会及び取締役会において、父の退職金を長男及び長女にそれぞれ5,000万円支給する。
　②　令和４年６月に株主総会において、父の退職金について長男及び長女に支給する旨の決議が行われたが、支給額は取締役会一任とされた。令和７年４月に取締役会において、長男及び長女にそれぞれ5,000万円支給する旨決議された。
6　**その他**
　①　A社の会社規模区分は「大会社」に該当し、純資産価額は類似業種比準価額を上回るものとする。
　②　長男及び長女の令和７年分の所得税の課税所得金額は1,000万円と仮定する。

7 相続税等の計算

(単位：万円)

	退職金がみなし相続財産である場合			退職金が遺族の一時所得である場合		
	母	長男	長女	母	長男	長女
不動産	10,000	−	10,000	10,000	−	10,000
A社株式	−	20,000	−	−	20,000	−
現預金	40,000	5,000	15,000	40,000	5,000	15,000
死亡退職金	−	5,000	5,000	−	−	−
同上非課税金額	−	△750	△750	−	−	−
課税価格	50,000	29,250	29,250	50,000	25,000	25,000
相続税の総額		39,656			35620	
各人の算出税額	18,274	10,691	10,691	17,810	8,905	8,905
配偶者の税額軽減	△18,274	−	−	△17,810	−	−
納付税額	0	10,691	10,691	0	8,905	8,905
所得税等(注)	−	−	−	−	1,182	1,182
合計税額		21,382			20,174	

(注)① 課税所得1,000万円の場合の所得税約176万円、住民税100万円
② 課税所得3,475万円（一時所得の金額（5,000万円−50万円）×1／2を加算した課税所得金額）の場合の所得税約1,110万円、住民税約348万円
③ ①−②＝1,182万円

　以上の設例の場合、父の死亡退職金は遺族の一時所得として課税される方が1,208万円税負担は軽減されます。

　相続人に配偶者がいない場合の有利・不利については、以下のようになります。

設 例

1. **被相続人** 父（令和6年3月死亡）
2. **相続人** 長男、長女
3. **遺産の総額と遺産分割**
   ① 5億円（法定相続分の割合で相続する）
   ② 10億円（法定相続分の割合で相続する）
4. **死亡退職金** 1億円。以下のように決議された。
   ① 令和6年6月に株主総会及び取締役会において、父の退職金を長男及び長女にそれぞれ5,000万円支給する。
   ② 令和6年6月に株主総会において、父の退職金について長男及び長女に支給する旨の決議が行われたが、支給額は取締役会一任とされた。令和9年4月に取締役会において、長男及び長女にそれぞれ5,000万円支給する旨決議された。
5. **その他**
   ① A社の会社規模区分は「大会社」に該当し、純資産価額は類似業種比準価額を上回るものとする。
   ② 長男及び長女の令和7年分の所得税の課税所得金額は1,000万円と仮定する。

6　相続税等の計算

（単位：万円）

	退職金がみなし相続財産である場合				退職金が遺族の一時所得である場合			
	遺産の額5億円		遺産の額10億円		遺産の額5億円		遺産の額10億円	
	長男	長女	長男	長女	長男	長女	長男	長女
相続財産	25,000	25,000	50,000	50,000	25,000	25,000	50,000	50,000
死亡退職金	5,000	5,000	5,000	5,000	－	－	－	－
同上非課税金額	△500	△500	△500	△500	－	－	－	－
課税価格	29,500	29,500	54,500	54,500	25,000	25,000	50,000	50,000
相続税の総額	19,260		44,000		15,210		39,500	
各人の税額	9,630	9,630	22,000	22,000	7,605	7,605	19,750	19,750
所得税等(注)	－	－	－	－	1,182	1,182	1,182	1,182
合計税額	19,260		44,000		17,574		41,864	

(注)① 課税所得1,000万円の場合の所得税約176万円、住民税100万円
　② 課税所得3,475万円（一時所得の金額（5,000万円－50万円）×1／2を加算した課税所得金額）の場合の所得税約1,110万円、住民税約348万円
　③ ①－②＝1,182万円

　以上の設例によると、相続人に配偶者がいない場合には、相続財産が5億円でも、退職金が遺族の一時所得である方が有利となります。

8　正味財産が相続税の基礎控除額以下であっても相続税が課されることもある

　相続又は遺贈によって取得した財産に係る相続税の課税価格に算入すべき価額は、財産の価額から、被相続人の債務等の金額のうち、その財産を取得した者の負担に属する部分の金額を控除した金額によることと

されています（相法13①）。

　その場合、特定の相続人が相続財産の価額を超えて債務を負担することとなっても、他の共同相続人や包括受遺者の相続税の課税価格を計算するに当たってその債務超過分を控除することはできません。また、債務控除は、相続開始前３年以内に贈与により取得した財産の価額を加算する前の課税価格から行う（相法13①）こととされています。そのため、被相続人の正味財産が相続税の基礎控除額以下であっても、遺産分割によっては相続税が課されることもあります。

　そのことを、以下の設例で検証します。

設　例

1　**被相続人**　父（令和６年３月死亡）
2　**相続人**　長男、長女
3　**相続財産**
　①　賃貸不動産　8,000万円
　②　その他の財産　5,000万円
　③　借入金（賃貸不動産に係るもの）△9,000万円
4　**遺産分割**
　　以下のいずれかの分割を行う。
　①　すべての財産を法定相続分どおり相続する。
　②　長男が賃貸不動産と借入金を、長女がその他の財産を相続する。
　③　上記②に加えて、長女から長男へ代償金1,000万円を支払う。
5　**生前贈与**
　　長男は令和２年に、父から110万円の贈与を受けていた。

6　相続税の計算

(単位：万円)

	4の①による分割		4の②による分割		4の③による分割	
	長男	長女	長男	長女	長男	長女
賃貸不動産	4,000	4,000	8,000	—	8,000	—
その他の財産	2,500	2,500	—	5,000	—	5,000
代償金	—	—	—	—	1,000	△1,000
借入金	△4,500	△4,500	△9,000	—	△9,000	—
純資産価額	2,000	2,000	(注)0	5,000	0	4,000
生前贈与加算	110	—	110	—	110	—
課税価格	2,110	2,000	110	5,000	110	4,000
基礎控除額	4,200		4,200		4,200	
課税遺産総額	0		910		0	
相続税の総額	0		91		0	
各人の算出税額	0	0	2	89	0	0

(注)　純資産価額が赤字のときは、「0」とされる。

　以上の設例では、4の②による分割の場合には、長男の純資産価額が赤字となっているため、赤字の部分は切り捨てられます（相続税申告書等様式・記載要領）。そのため、課税価格の合計額は5,110万円になり相続税の基礎控除額を上回り相続税が課されることになります。

　4の①又は4の③による分割の場合には、切り捨てられる金額がないことから、課税価格の合計額は4,110万円になり相続税の基礎控除額以下の金額であることから、相続税は課されません。

設 例

1. **被相続人** 父（令和6年3月死亡）
2. **相続人** 母、長男
3. **相続財産**
   ① 居住用不動産 6,600万円（土地（300㎡）6,000万円・建物600万円）
   ② その他の財産 2,400万円
4. **遺産分割**
   ① 居住用不動産は母が、その他の財産は長男が相続する。
   ② 母は長男に対して2,100万円の代償金を支払う。
5. **相続税の計算**

（単位：万円）

	代償金を2,100万円支払う場合		【参考】代償金が1,800万円である場合	
	母	長男	母	長男
居住用　土地	6,000	−	6,000	−
小規模宅地等の特例	△4,800	−	△4,800	−
居住用　建物	600	−	600	−
その他の財産	−	2,400	−	2,400
代償金	△2,100	2,100	△1,800	1,800
課税価格	0	4,500	0	4,200
相続税の総額	30		0	
各人の算出税額	0	30	0	0

　この設例の場合、母が代償金を2,100万円支払うと母の課税価格は赤字となることになり、母の課税価格の計算上マイナスの金額は切り捨てて課税価格を計算することになります。そのため、長男の課税価格を基に相続税が計算され相続税を30万円納付しなければなりません。
　一方、参考に掲げたように、母から長男への代償金の額を1,800万円以下にすれば、課税価格の合計額は相続税の基礎控除額（4,200万円）以下

となることから相続税は課されないことになります。しかし、長男は代償金を2,100万円受け取る方が相続税を納付しても手残り額は多くなります。

　以上のように、共同相続人間において有利・不利が混在することになるため、共同相続人間で仲良く遺産分割協議を調える必要があります。

9　限定承認を選択する

(1)　限定承認の概要

　限定承認は、相続財産の限度でのみ相続債務を負担するという条件付の相続の方法です。相続財産を超える債務は切り捨てられますので、相続人の固有財産を取り崩してまで支払う必要はありません。つまり、有限責任の相続です。相続債務に対して有限責任であることに加え、残余財産を相続することができるという利点がある手法で、限定承認は、相続財産が債務超過であるか判然としない場合に有効な制度です。

　限定承認を行うには、相続の開始を知った時から3か月以内に家庭裁判所に、相続人全員（相続を放棄した者を除く。）が財産目録等の必要書類を作成し、共同して申し出ることが必要となるため、反対する者がいる場合や、一部の相続人が単純承認したときは、他の相続人は限定承認が選択できないこととなります。また、相続財産のうち譲渡所得の起因となる資産については、譲渡所得課税が行われることなどから、限定承認の件数は年間650件程度しかありません。

● 相続の限定承認の申述受理（既済：認容）件数

年分	件数	年分	件数	年分	件数
平成21年	953件	平成26年	762件	令和元年	640件
平成22年	826件	平成27年	734件	令和2年	632件
平成23年	853件	平成28年	712件	令和3年	664件
平成24年	789件	平成29年	713件	令和4年	673件
平成25年	789件	平成30年	657件	令和5年	658件

（出典：最高裁判所「第3表:司法統計年報（家事編）」）

(2) 限定承認をした場合の所得税の準確定申告と相続税の申告

① 所得税の準確定申告

　年の中途で死亡した者について、年初から死亡までの間に得た所得金額を基に計算した結果、納付税額が算出される場合には、その相続人は、相続開始後4か月以内に、被相続人が納付すべき所得税額について準確定申告をしなければなりません。

　被相続人からの相続について限定承認をした場合、被相続人の遺産の中に譲渡所得の基因となる資産があった場合には、その資産は相続開始の時において、時価により、被相続人から相続人に対して譲渡があったものとみなされ、これにより発生した譲渡所得についても、その年の初めから相続開始の日までの間に被相続人が得ていた他の所得金額と合わせて被相続人に係る準確定申告をする必要があります。

　準確定申告により納付すべき所得税額が被相続人の債務に該当する結果、被相続人の他の一般債務と同様に相続財産の額を超える部分があれば、その部分は切り捨てられることになる（限定承認の効果）ので納付する必要がないことになります。

　なお、準確定申告の提出により納付すべき所得税額は、相続税額

の計算上、被相続人の債務に該当し、相続財産から控除されます。

② 相続税の申告

　相続について限定承認をした場合であっても、相続税の課税価格の合計額が基礎控除額を超える場合には、相続税の申告をする必要があります。

　相続税の申告をする場合、相続財産の価額は相続税評価額に基づいて評価し、債務控除の額は限定承認しているので本来の相続財産の額が限度になります。

　また、相続財産の中に、被相続人の事業又は居住の用に供されている土地等がある場合には、限定承認している場合であっても、一定の要件を満たす場合には、小規模宅地等の特例の適用が可能です。

　限定承認をしたときの権利義務については、限定承認をした相続人は、被相続人に対して有する権利義務の混同による消滅を否定し、被相続人の相続財産と相続人の固有財産を分離することとしています。

　具体的には、父が被相続人で子が相続人の場合、子が父に1億円を融資しているというときは、子は1億円の債権を限定承認の手続の中で回収することになります。一方、父が子に1億円を融資している場合には、その債権は混同によって消滅せず、限定承認による相続財産として、相続債務の弁済に充てられることになります。

　限定承認があった場合の相続税の課税関係を設例で検証します。

設 例

1 **被相続人** 父（令和6年3月死亡）
2 **相続人** 長男、長女
3 **相続財産**
  ① 貸宅地
    3億円（定期借地権：年間賃料3,000万円、固定資産税500万円、取得費不明）
  ② その他の財産 5億円
4 **遺産分割**
  長男が貸宅地とその他の財産1億円を、長女がその他の財産4億円を相続する。
5 **その他**
  長男は毎年の課税所得金額が高いことから、貸宅地を相続した直後に、長男が主宰する法人へ譲渡することとします。
6 **相続の選択**
  ① 単純承認によって相続する。
  ② 限定承認によって相続する。
7 **貸宅地の時価と父の譲渡税**（準確定申告）
  ① 時価 5億円
  ② 課税長期譲渡所得金額 5億円－（5億円×5％）＝47,500万円
    所得税 47,500万円×15.315％≒7,275万円
    住民税は課されない

8 相続税等の計算

(単位:万円)

	単純承認の場合		限定承認の場合	
	長男	長女	長男	長女
貸宅地	30,000	–	30,000	–
その他の財産	10,000	40,000	10,000	40,000
債務(父の譲渡税)	–	–	△7,275	–
課税価格	40,000	40,000	32,725	40,000
相続税の総額	29,500		25,862	
各人の算出税額	14,750	14,750	11,637	14,225
譲渡税(長男)	(注1) 7,402	–	(注2) 0	–
各人の合計税額	22,152	14,750	11,637	14,225
税額合計	36,902		(注3) 33,137	

(注1) 単純承認の場合に長男が相続した貸宅地を法人へ譲渡したとき。
　① 課税長期譲渡所得金額
　　5億円 − (5億円 × 5%) − (14,750万円 × 3億円 ÷ 4億円)(取得費加算) ≒ 36,438万円
　② 所得税　36,438万円 × 15.315% ≒ 5,580万円
　③ 住民税　36,438万円 × 5% ≒ 1,822万円
　④ 税額合計(②+③)　7,402万円

(注2) 限定承認の場合
　　課税長期譲渡所得金額　5億円 − 5億円 = 0円

(注3) 7,275万円(父の譲渡税) + 25,862万円(相続税の合計額) = 33,137万円

上記の設例の場合、長男が相続した土地を相続税額の取得費加算の特例を活用して法人へ譲渡するよりも、限定承認によって父の譲渡とすれば、父の譲渡所得税は債務として相続財産から控除され、かつ、住民税も課税されません。

高収益な賃貸不動産や半永久的に残したいと願う土地については、限定承認を選択することで相続税の負担を軽減し、相続した直後に法人へ譲渡すれば、相続人に対して譲渡税は課されません。

10　相続人の所得税の軽減

(1) 居住用財産の譲渡

　相続税の課税価格が基礎控除額以下の場合、相続税の申告と納税は必要ありません。しかし、相続した財産を譲渡する場合の税負担の軽減を考慮したときの遺産分割の工夫は必要となります。

設　例

1　**被相続人**　母（令和6年4月死亡）
2　**相続人**　長男、長女
3　**相続財産**　土地及び建物（相続税評価額4,000万円、時価6,000万円）
4　**その他**
　① この不動産には、長男家族が平成20年から母と居住していた。
　② 相続した後に、土地及び建物を第三者に譲渡する予定。
　③ 土地及び建物の取得費は1,000万円で、母の所有及び居住期間は10年超。
5　**分割案**
　〈分割案1〉　土地及び建物を、長男及び長女で法定相続分（2分の1）どおり相続する。
　〈分割案2〉　土地及び建物はいずれも長男が相続し、長女に代償金2,800万円を支払う。
6　**効果の判定**
　① 相続税
　　相続税は、〈分割案1〉及び〈分割案2〉のいずれの方法によっても、課税価格が4,000万円で、相続税の基礎控除額4,200万円以下のために課税されません。
　② 譲渡税　相続した土地及び建物を6,000万円で譲渡した場合の譲渡税です。

〈分割案1〉 (単位:万円)

	譲渡収入	取得費	特別控除	課税長期譲渡所得	譲渡税
長男	3,000	500	3,000	0	0
長女	3,000	500	—	2,500	(注)508
合計	6,000	1,000	3,000	2,500	508

(注) 2,500万円×20.315%≒508万円(所得税・住民税の合計税額)

　長女は、相続後に、土地及び建物に一度も居住することなく譲渡しているので、居住用財産の3,000万円の特別控除の適用を受けることができません。

〈分割案2〉 (単位:万円)

	譲渡収入	取得費	特別控除	課税長期譲渡所得	譲渡税
長男	6,000	1,000	3,000	2,000	(注)284

(注) 2,000万円×14.21%≒284万円(所得税・住民税の合計税額)

　長男は、相続による所有期間の引き継ぎにより所有期間10年超の居住用財産を譲渡したことになり、3,000万円の特別控除と軽減税率の両方の特例の適用を受けることができます。

〈税引き後の手許現金の状況〉 (単位:万円)

	分割案1	分割案2
長男	3,000	2,916
長女	2,492	(注)2,800
合計	5,492	5,716

(注) 分割案2では、長女は長男から代償財産として2,800万円を受け取っています。

(2) 一人住まいの被相続人の居住用不動産の譲渡（空き家の3,000万円控除）

　相続の開始の直前において、被相続人の居住の用に供されていた家屋及びその敷地の用に供されていた土地等を、相続した相続人又は包括遺贈（死因贈与を含みます。）により取得した受遺者（個人に限ります。）が、その家屋・敷地を譲渡した場合には、その譲渡に係る譲渡所得の金額から最高3,000万円(注)まで控除することができます（措法35③)。

(注)　令和6年1月1日以後に行う譲渡で被相続人居住用家屋および被相続人居住用家屋の敷地等を相続または遺贈により取得した相続人の数が3人以上である場合は2,000万円までとなります。

　この特例は、平成28年4月1日から令和9年12月31日までの間の譲渡について適用されます。

　特例の対象となる「被相続人居住用家屋の敷地等」とは、相続の開始の直前（従前居住用家屋の敷地の場合は、被相続人の居住の用に供されなくなる直前）において被相続人居住用家屋の敷地の用に供されていた土地又はその土地の上に存する権利をいいます。

　なお、相続の開始の直前（従前居住用家屋の敷地の場合は、被相続人の居住の用に供されなくなる直前）においてその土地が用途上不可分の関係にある二以上の建築物（母屋と離れなど）のある一団の土地であった場合には、その土地のうち、その土地の面積にその二以上の建築物の床面積の合計のうちに一の建築物である被相続人居住用家屋（母屋）の床面積の占める割合を乗じて計算した面積に係る土地の部分に限ります。

　また、空き家対策のため、マンションなどの区分所有建築物は対象外です。さらに、相続財産に係る譲渡所得の課税の特例（相続税額の取得費加算の特例）とは選択適用とされています。

　そこで、この特例の対象となる可能性のある土地建物を相続した場合には、相続税及び譲渡税の課税関係に留意して遺産分割を検討しなけれ

ばなりません。設例で遺産分割による有利・不利について検証してみます。

> **設 例**
>
> 1 **被相続人** 母（令和6年4月死亡）
> 2 **相続人** 長男、二男、長女
> 3 **相続財産**
> ① 居住用土地（330㎡・取得費不明） 8,100万円
> ② 居住用家屋（昭和50年築） 300万円
> ③ その他の財産 9,000万円
> 4 **遺産分割**
> 分割案1：居住用土地及び家屋は二男が、その他の財産は長男及び長女が1/2ずつ相続
> 分割案2：すべての財産を均分に相続する
> 5 **その他**
> ① 母は一人住まいで死亡し、相続人は全員母と別生計であった。
> ② 長男及び長女は、それぞれ自己又は配偶者が所有する家に居住していたが、二男は、平成20年以降、持家に居住していない。
> ③ 母から相続した居住用家屋を取り壊して、更地にしたその敷地を令和7年3月に1億円で譲渡した。なお、譲渡費用は200万円とする。

6　相続税と譲渡税の試算

（単位：万円）

	分割案1			分割案2		
	長男	二男	長女	長男	二男	長女
居住用土地	−	8,100	−	2,700	2,700	2,700
小規模宅地等の特例	−	△6,480	−	−	△2,160	−
居住用家屋	−	300	−	100	100	100
その他の財産	4,500	−	4,500	3,000	3,000	3,000
課税価格	4,500	1,920	4,500	5,800	3,640	5,800
相続税の総額	768			1,488		
各人の相続税額	316	136	316	566	356	566
譲渡税(注)	−	1,280	−	223	223	223
合計税額	2,048			2,157		

(注)

〈分割案1〉

　課税長期譲渡所得金額　10,000万円×（1−5％）−200万円−3,000万円
　　　　　　　　　　　　＝6,300万円

　譲渡税　6,300万円×20.315％≒1,280万円

〈分割案2〉

　課税長期譲渡所得金額　10,000万円×1/3−（10,000万円×1/3×5％）
　　　　　　　　　　　−200万円×1/3−2,000万円≒1,100万円

　譲渡税　1,100万円×20.315％≒223万円

　この設例の場合、二男が居住用の土地家屋を相続し、「家なき子」として特定居住用宅地等の特例の適用を受けることで、相続人全員の相続税が軽減されます。一方、空き家特例は3,000万円しか受けることができないため、3人共有で相続する場合の特別控除6,000万円（2,000万円×3人）と比べて譲渡所得税は重くなりますが、それでも二男が居住用の土地家屋を相続する方が合計税額は少なくなります。

　しかし、居住用不動産を譲渡した代金は二男が1人で受領することになり、共同相続人間での協議を調えるために代償金の支払いなどの調整

が必要となるかもしれません。

7 留意点
この設例における課税関係の留意点については、以下のとおりです。
① 譲渡価額は「物件」単位で1億円以下であることが要件とされています。

そのため、共有で相続した場合、それぞれ共有者の譲渡価額が1億円以下であっても、共有者の譲渡価額の合計額が1億円を超えるときは、この特例の適用を受けることができません。
② 共有で相続した場合で、一定の要件を満たすときは、3,000万円の特別控除は、譲渡した「各人」ごとに適用することができます。
③ 相続税額の取得費加算の特例とは選択適用とされています。
④ 小規模宅地等の特例については、相続の開始の直前において被相続人の居住の用に供されていなかった宅地等の場合であっても、被相続人が相続の開始の直前において要介護認定等を受けているなど一定の要件を満たす場合には、被相続人等の居住の用に供されていた宅地等に該当します。この設例の場合、小規模宅地等の特例の適用を受けることができるのは、「家なき子」である二男のみとなります。
⑤ 家屋を除却して譲渡する場合は、固定資産税の賦課期日である1月1日時点で更地であると「住宅用地の課税標準の特例」の適用がなくなり、固定資産税の負担が増えます。
⑥ この特例対象とならない部分、例えば、離れとその敷地対応部分については、相続税額の取得費加算の特例（措法39）の適用が受けられます。その場合、取得費加算の計算における「譲渡資産の相続税評価額」は、その譲渡資産の相続税評価額、その譲渡資産のうち空き家譲渡の適用対象にならない部分に対応する収入金額を、譲渡資産の譲渡による収入金額で除した割合を乗じて計算します。
⑦ 空き家の譲渡があった同一年中において、その相続人等が本人居住用財産を譲渡して3,000万円特別控除（措法35②）の適用も受ける

場合、両者の特別控除額の合計額は、3,000万円が限度になります（措法35①、措通35-7）。

11　配偶者の相続割合のあん分調整を工夫する

各相続人及び受遺者の相続税額は、相続税の総額を基として、次の算式により計算します。

> $T \times \dfrac{B}{A}$ ＝各相続人等の相続税額
> T：相続税法第16条の規定により算出した相続税の総額
> B：その者の相続税の課税価格
> A：同一の被相続人から相続又は遺贈により財産を取得したすべての者に係る課税価格の合計額

なお、上記算式中のB／Aの割合に小数点第2位未満の端数がある場合には、相続人等の全員が選択した方法により、各相続人等の割合の合計値が1になるようその端数を調整して申告がなされている場合には、これを認めることとして取り扱われています（相基通17-1）。

小数点第2位未満の端数調整により各人の納付すべき相続税額が変動しますので、その旨の十分な説明と合意を必要とします。

設　例

1　被相続人　父（令和6年3月死亡）
2　相続人　　母、長男、長女
3　遺産の額　90,000万円
4　相続税の総額　30,872万円
5　相続人の課税価格（あん分割合）

	課税価格 （単位：万円）	あん分割合		
		ケース1	ケース2	ケース3
母	30,000	0.33333…	0.33	0.34
長男	35,000	0.38888…	0.39	0.38
長女	25,000	0.27777…	0.28	0.28
合計	90,000	1.0	1.00	1.00

6　ケース別における各人の相続税額

（単位：円）

	ケース1	ケース2	ケース3
母	0	0	2,058,100
長男	120,057,700	120,400,800	117,313,600
長女	85,755,500	86,441,600	86,441,600
合計	205,813,200	206,842,400	205,813,300

(注)　ケース3の母の税額の計算例
　①　算出税額　　30,872万円×0.34＝104,964,800円
　②　税額軽減額　30,872万円×0.333333…≒102,906,666円
　③　納付税額　　①－②＝2,058,100円（100円未満切捨て）

　ケース1とケース3を比較すると相続税額に差はありません。しかし、ケース3の場合、第二次相続まで考慮すると、母が相続税を負担することにより第二次相続における財産が減少するとともに、10年内に相続が発生すると相次相続控除の適用も受けることができる可能性があります。

　ケース2の場合、端数処理により切り捨てられた部分に係る配偶者の

税額軽減を受けることができませんので、その結果、最も税負担が重くなります。

　また、母が令和7年2月に死亡した場合に、母固有の財産が1億円あると仮定し、父の相続においてあん分割合の調整の有無による母の相続税（法定相続分どおり相続すると仮定）を試算してみます。

● 相続税の計算　　　　　　　　　　　　　　　　　　　　（単位：万円）

	母のあん分割合切り上げ		母のあん分割合調整なし	
	長男	長女	長男	長女
母固有の財産	5,000	5,000	5,000	5,000
父からの相続（注1）	14,897	14,897	15,000	15,000
課税価格	19,897	19,897	20,000	20,000
各人の算出税額	5,419	5,419	5,460	5,460
相次相続控除（注2）	△103	△102	－	－
納付税額	5,316	5,317	5,460	5,460
合計税額	10,633		10,920	

（注1）　（3億円－2,058,100円）×1／2≒14,897万円
（注2）　2,058,100円×100／100×19,897万円÷39,758万円×（10－0年）÷10年
　　　　＝1,029,050円

　父が高齢で亡くなった場合、母もそれなりの年齢であれば、母の相続は10年以内に開始する可能性が高いと予想されます。そのような場合には、父の相続の際に母が相続する財産のあん分割合を母に寄せるような調整をすることで、母の相続の相続税を軽減することが期待されます。

● 平均余命が10年未満となる年齢

(単位：年)

年齢	男性	女性
70歳	15.65	19.96
75歳	12.13	15.74
79歳	9.58	12.57
80歳	8.98	11.81
81歳	8.41	11.07
82歳	7.85	10.35
83歳	7.31	9.65
84歳	6.79	8.96
85歳	6.29	8.33
86歳	5.83	7.72
87歳	5.39	7.13
88歳	4.97	6.56
89歳	4.58	6.03
90歳	4.22	5.53

（出典：令和5年簡易生命表・厚生労働省）

　令和5年簡易生命表による平均余命表から平均余命が10年未満である年齢は、男性の場合79歳以上、女性の場合は83歳以上とされています。その場合、配偶者にあん分割合を寄せておけば相次相続控除を受けることができる可能性が高いと思われます。

12　物納

(1)　物納制度の概要

　租税は、金銭で一時に納付することが原則ですが、相続税については、

遺産取得課税という性格上、金銭納付の例外として、一定の相続財産による物納が認められています。物納の許可を受けるためには、次に掲げるすべての要件を満たしていなければなりません。

〈物納の要件〉
① 延納によっても金銭で納付することが困難な金額の範囲内であること。
② 申請財産が定められた種類の財産で申請順位によっていること。
③ 申請書及び物納手続関係書類を期限までに提出すること。
④ 物納適格財産であること。

〈物納申請財産の選定要件〉
① 物納申請者が相続により取得した財産で日本国内にあること。
② 管理処分不適格財産でないこと。
③ 物納申請財産の種類及び順位に従っていること。
④ 物納劣後財産に該当する場合は、他に適当な財産がないこと。
⑤ 物納に充てる財産の価額は、原則として、物納申請税額を超えないこと。

物納に充てることができる財産は、納付すべき相続税額の課税価格計算の基礎となった相続財産のうち、次に掲げる財産（相続財産により取得した財産を含みます。）で、次に掲げる順位によることとされています（相法41②、相令18）。

順　位	物納に充てることのできる財産の種類
第1順位	①　不動産、船舶、国債証券、地方債証券、上場株式等（特別の法律により法人の発行する債券及び出資証券を含み、短期社債等を除く。）
	②　不動産及び上場株式のうち物納劣後財産に該当するもの
第2順位	③　非上場株式等（特別の法律により法人の発行する債券及び出資証券を含み、短期社債等を除く。）
	④　非上場株式のうち物納劣後財産に該当するもの
第3順位	⑤　動産

　相続税は、金銭で一時に納付することが原則です。しかし、期限内に金銭で全額納付することが困難な場合には、その困難な金額を限度として、一定の要件の下で、一定の年数の年賦による分割納付を行うこと（延納）ができます（相法38）。

　延納によっても金銭で納付することが困難な場合は、その困難な金額を限度として、一定の要件の下で、相続財産による納付を行うこと（物納）ができます（相法41）。

　そのため、物納を申請しようと考える場合には、延納によっても金銭で納付することが困難な金額を算定しなければなりません。

　金銭で納付することが困難な金額（物納許可限度額）は、「金銭納付を困難とする理由書」で計算します。

　金銭納付を困難とする理由書には、相続財産の中の現預金だけでなく、申請者の固有財産に係る預貯金や、申請者の固有財産に係る換価の容易な財産（ゴルフ会員権等の権利で取引市場が形成されているものや、養老保険など）も含めて判定します。

原則：金銭納付 → 特例：延納による金銭納付（期間内に金銭で全額を納付することが困難な場合）→ 例外：物納（延納によっても金銭で納付することが困難な場合）

1　延納することができる金額（延納許可限度額）の計算方法

①	納付すべき相続税額	
現金納付額	②	納期限において有する現金、預貯金その他の換価が容易な財産の価額に相当する金額
	③	申請者及び生計を一にする配偶者その他の親族の3か月分の生活費
	④	申請者の事業の継続のために当面（1か月分）必要な運転資金（経費等）の額
	⑤	納期限に金銭で納付することが可能な金額（これを「現金納付額」といいます。）（②-③-④）
⑥	延納許可限度額（①-⑤）	

2　物納することができる金額（物納許可限度額）の計算方法

①	納付すべき相続税額	
	②	現金納付額（上記1の⑤）
延納によって納付することができる金額	③	年間の収入見込額
	④	申請者及び生計を一にする配偶者その他の親族の年間の生活費
	⑤	申請者の事業の継続のために必要な運転資金（経費等）の額
	⑥	年間の納付資力（③-④-⑤）
	⑦	おおむね1年以内に見込まれる臨時的な収入
	⑧	おおむね1年以内に見込まれる臨時的な支出
	⑨	上記1の③及び④
	⑩	延期によって納付することができる金額 ｛⑥×最長延納年数＋（⑦-⑧+⑨）｝
⑪	物納許可限度額（①-②-⑩）	

（相令12・17）

(2) 金銭納付困難事由の判定

　金銭納付が困難であるか否かの判定は、相続人ごとに行うことになるため、相続財産の中に多額の現預金が残されていても、遺産分割次第では物納による方法を選択できることもあります。そのことを設例で検証します。

設　例

1　**被相続人**　　父（令和6年3月死亡）
2　**相続人**　　母、長男
3　**相続財産**
　①　現預金　2億円
　②　不動産　2億円（自用地14,500万円、貸宅地5,500万円）
4　**遺産分割**
　①　分割案1
　　・母　　現預金1億円、不動産1億円
　　・長男　現預金1億円、不動産1億円
　②　分割案2
　　・母　　現預金2億円
　　・長男　不動産2億円

5 相続税

(単位:万円)

	分割案1		分割案2	
	母	長男	母	長男
現預金	10,000	10,000	20,000	−
不動産(自用地)	7,250	7,250	−	14,500
不動産(貸宅地)	2,750	2,750	−	5,500
課税価格	20,000	20,000	20,000	20,000
相続税の総額	10,920		10,920	
各人の算出税額	5,460	5,460	5,460	5,460
配偶者の税額軽減	△5,460	−	△5,460	−
納付税額	0	5,460	0	5,460

6 物納の可否

　分割案1の場合、長男は相続した現預金から相続税の納税が可能なので、全額金銭一時納付が求められます。

　分割案2の場合、長男は、不動産のみを相続し現預金は相続していません。そのため、長男固有の金銭等や、一定の安定した収入等がない場合には、相続した不動産の中の貸宅地は物納申請によって物納は許可されると考えられます。

　その場合、超過物納(5,500万円−5,460万円)となりますが、超過物納は物納財産の性質・形状その他の特徴により、物納申請税額を超える価額の財産を物納することについてやむを得ない場合にのみ認められます(相法41①、相令17)が、この場合の「やむを得ない事情」とは次のような場合をいいます(相基通41−3)。

(1)	その財産が土地の場合で、分筆で物納に充てようとする土地や分筆した残りの土地のが、その地域における宅地や駐車場としての一般的な広さを有しなくなるなど、通常の用途に供することができないと認められる場合
(2)	建物、船舶、動産などのように、分割することが困難な財産である場合
(3)	法令等の規定により一定の数量または面積以下に分割することが制限されている場合

したがって、設例の場合には、分筆をしたことにより物納後の残地の面積が極端に小さくなってしまい、通常の用途に供することができないと認められる場合には超過物納が認められます。

なお、物納許可限度額を超えて、財産の物納が許可された場合には、納付すべき相続税額と物納財産の収納価額との差額が超過物納による過誤納金として金銭で還付され（相基通41－4）、還付された部分については、通常の土地の譲渡の場合と同様に譲渡所得税の課税対象となります。

この場合、国に対する譲渡に該当するため、譲渡所得税の計算においては次の減額特例が適用できますので、適用を失念しないように留意してください。

① **優良住宅地の造成等のために土地等を譲渡した場合の長期譲渡所得の課税の特例**（措法31の２）

　国に対する土地等の譲渡については、長期譲渡所得のうち、2,000万円以下の金額について、10％の軽減税率が適用されます。

② **短期譲渡所得の軽減税率の特例**（措法32）

　国に対する土地等の譲渡については、短期譲渡所得に係る所得税率が30％から15％に軽減されます。

③ **相続財産に係る譲渡所得の課税の特例**（措法39）

　相続税の申告期限から３年以内に相続財産を譲渡した場合には、相続税額のうち一定金額を譲渡財産の取得費に加算することができます。ただし、加算できる相続税額の計算においては、物納許可限

> 度額に相当する部分についてはこの規定の対象とならず、超過物納による金銭還付部分のみ対象となります。

(3) 貸宅地の物納

貸宅地の相続税評価は、次のようになります。

> 自用地の評価額－借地権の評価額＝貸宅地の評価額

「これは、財産評価基本通達（評価通達）25の定める借地権価額控除方式は、底地の価額をその地域の借地権取引の状況等を踏まえて定められた借地権割合を乗じて算定される当該土地の借地権価額との相関関係において捉え、自用地としての価額から借地権価額を控除して残余の土地の経済的価値を把握しようとするものであり、このような考え方は、底地の客観的交換価値に接近する方法として相応の合理性を有すること、他方で、低廉な地代を基準とした収益価格による算定を標準として底地の時価とみる方法は相当ではないというべきことに加え、底地の価額や借地権価額の算定の前提である自用地としての価額の基礎となる路線価の付設に当たっては、評価の安全性を考慮して各年1月1日時点の公示価格と同水準の価格のおおむね80％程度を目途として評定するという控え目な運用が行われており、借地権価額控除方式により算出された底地の価額が直ちに時価を超えることとなるわけではないと考えられること、およそ完全所有権への復帰の可能性があるとは考え難い場合など、評価通達に定める評価方法によっては財産の時価を適切に評価することのできない特別の事情がある場合には、借地権価額控除方式によらずに時価を算定することが可能であること（評価通達6）をも考慮すると、評価通達25の定める借地権価額控除方式は、底地の客観的交換価値を算定す

る上での一般的な合理性を有していると認められる」(最高裁：平成30年11月15日決定)としています。

　そのため、貸宅地を相続する場合の相続税評価額は、借地権価額控除方式により算出された価額によって評価され、特別な事情がない限り、鑑定評価額を底地の時価とすることは、相続税実務の評価においてはほぼ認められることはないと考えられます。

　しかし、借地人又は第三者へ貸宅地を売却する場合には、相続税評価額を下回ることがほとんどです。

　物納財産については、物納に充てることができない財産（管理処分不適格財産）と、他に物納適格財産がない場合に限り物納が認められる財産（物納劣後財産）が定められていますが、多くの貸宅地はそのいずれにも該当しません。

　そのため、不動産は物納に充てることのできる財産の種類のうちの第1順位であり、その利用区分による優先順位の定めはないことから、貸宅地の物納については、物納申請書及び物納手続関係書類を相続税の納期限までに提出すれば物納によって収納されます（相法42）。

　なお、貸宅地が物納に適しているか否かに関する主な調査項目は、理財局長が発遣している「物納等不動産に関する事務取扱要領について」の管理処分適否・劣後判断に当たっての留意事項等によると、①契約当事者が不確定又は契約内容が不明確ではないか、②社会通念に照らし、契約内容が貸主に著しく不利ではないか、③貸付料が不当に低廉ではないか、④賃貸料が相当期間滞納となっていないか、⑤その他、契約の円滑な継続が困難なものではないか等を調査され、いずれの項目にも該当しない場合に、物納は許可されます。

(4) 地積規模の大きな宅地に該当する土地の物納

　地積規模の大きな宅地とは、三大都市圏においては500㎡以上の地積

の宅地、三大都市圏以外の地域においては1,000㎡以上の地積の宅地をいいます（評基通20－2）。

「地積規模の大きな宅地の評価」の対象となる宅地は、路線価地域に所在するものについては、地積規模の大きな宅地のうち、普通商業・併用住宅地区及び普通住宅地区に所在するものとなります。また、倍率地域に所在するものについては、地積規模の大きな宅地に該当する宅地であれば対象となります。

土地の価額は、地目の別に評価することが原則です。ただし、一体として利用されている一団の土地が二以上の地目からなる場合には、その一団の土地は、そのうちの主たる地目からなるものとして、その一団の土地ごとに評価するものとすることとされています（評基通7）。

また、評価単位については、宅地、田及び畑、山林、原野、牧場及び池沼、鉱泉地及び雑種地ごとに財産評価基本通達で定められています（評基通7－2）。地積規模の大きな宅地の評価においても面積要件が定められていて、この判定は宅地の評価単位と同様の基準で判定することとされているため宅地の評価単位の確認は重要です。

宅地の評価単位については、宅地の価額は、1画地の宅地（利用の単位となっている1区画の宅地をいいます。）ごとに評価します（評基通7－2）。

なお、相続、遺贈又は贈与により取得した宅地については、原則として、取得者が取得した宅地ごとに判定します（国税庁タックスアンサーNo.4603「宅地の評価単位」）が、宅地の分割が親族間等で行われた場合において、例えば、分割後の画地が宅地として通常の用途に供することができないなど、その分割が著しく不合理であると認められるときは、その分割前の画地を「1画地の宅地」とします（評基通7－2(1)注）。

そのため、地積規模の大きな宅地としてすべての要件を満たす宅地でも、遺産分割によってその宅地を複数の相続人間で「分割」して相続す

ると、評価単位は取得者ごとになることから、地積要件を充足しなくなる可能性があります。

　物納を予定している土地について、その収納価額は原則として相続税評価額とされていることから、地積規模の大きな宅地として評価することが有利となるのか検討が欠かせません。

設　例

1　**被相続人**　父（令和6年3月死亡）
2　**相続人**　長男、長女
3　**相続財産**
　①　宅地　1,000㎡
　　・三大都市圏以外の地域に所在
　　・路線価（普通住宅地区）　50,000円/㎡
　②　その他の不動産　30,000万円
4　**遺産分割**
　①　分割案1　長男が宅地とその他の財産13,000万円を、長女がその他の財産17,000万円を相続する
　②　分割案2　宅地及びその他の財産を1/2に分割してそれぞれ相続する
　なお、いずれの分割案においても、相続した宅地はすべて物納することとする。

5　相続税の計算

（単位：万円）

	分割案1		分割案2	
	長男	長女	長男	長女
宅地(注)	4,000	－	2,500	2,500
その他の不動産	13,000	17,000	15,000	15,000
課税価格	17,000	17,000	17,500	17,500
相続税の総額	8,520		8,920	
各人の算出税額	4,260	4,260	4,460	4,460
物納金額	△4,000	－	△2,500	△2,500
納付税額	260	4,260	1,960	1,960
納付税額合計	4,520		3,920	

(注)
〈分割案1の場合〉　地積規模の大きな宅地として評価することになります。
　　　　　　　　　1,000㎡×50,000円×0.8(※)＝4,000万円
　　　※　規模格差補正率（1,000㎡×0.9＋100）÷1,000㎡×0.8＝0.8
〈分割案2の場合〉　宅地の地積は、分割後は500㎡となり、地積規模の大きな宅地の地積要件を満たさないことになります。

　この設例の場合、地積規模の大きな宅地に該当する場合、相続税評価額は4,000万円で、その宅地を物納しないときの納付税額は分割案2に比べて少なくなります。
　一方、宅地を物納する場合には、その宅地の物納申請税額が高くなることから、分割案1と比べて納付税額は少なくなります。
　以上のことから、物納を検討する場合には、地積規模の大きな宅地として評価することが有利か否かについて検討が欠かせません。
　なお、地積規模の大きな宅地の評価は、「…その宅地の規模に応じ、次の算式により求めた規模格差補正率を乗じて計算した価額によって評価する。」（評基通20－2）としていますので、物納を考える場合に、納税者の選択により地積規模の大きな宅地として評価しないこととすることはできません。

(5) 上場株式等の物納

　上場株式等の物納を考える場合には、土地等の物納と比較して手続が容易で、かつ、物納の申請期限が相続の開始があったことを知った日の翌日から10か月以内であることから、相続税評価額と時価を確認しながら、有利な納税方法について事前に十分な検討が必要となります。

　上場株式等を物納した場合のメリットには、以下のようなものがあります。

① 物納財産は譲渡課税が課されないので大きな含み益の有価証券は物納有利

　個人がその財産を物納した場合には、譲渡がなかったものとみなすこととされています（措法40の3）。

　この規定は、延納によっても金銭で納付することを困難とする金額として物納の許可を受けた相続税額に対応する価額の財産についてのみ適用されます（相法41）。

　この場合、その株式等は、被相続人の取得価額を引き継ぎます（所法60）ので、含み益が大きい場合には、物納によれば、原則として譲渡税は課されないことから、相続税評価額と物納申請時の株価が同額であっても、譲渡税の負担がない分だけ物納選択が有利となります。

② 相続税評価額＞物納時の価額であれば、相続税評価額により収納されるため物納有利

　物納財産を国が収納するときの価額は、原則として相続税の課税価格計算の基礎となったその財産の価額になります（相法43）。そのため、物納申請時の株価が物納価額よりも値下がりしている場合

には、物納申請によって納税することが有利となります。

	売却	物納
納税に充てることができる価額	（売却時点の時価・売却代金）－（売却手数料）－（譲渡税）	相続税評価額
譲渡税	譲渡益×20.315%	非課税（超過物納部分を除く。）
取得費加算の特例	適用あり	超過物納部分については適用あり

● 銘柄別有利不利選択シミュレーション

銘柄	取得価額	相続税評価額（収納価額）	売却する場合(注)		有利選択
			その日の時価	税引き後の納税資金	
A株式	500	1,000	800	739	物納
B株式	500	1,000	1,500	1,297	売却
C株式	500	1,000	1,100	978	物納

(注) 譲渡費用及び相続税額の取得費加算の特例は考慮していません。

● 相続税の延納・物納処理状況等（令和6年4月　国税庁発表）

年度	申請件数	申請金額(億円)	処理（件数）許可	処理（件数）取下げ等	処理（件数）却下	年度	申請件数	申請金額(億円)	処理（件数）許可	処理（件数）取下げ等	処理（件数）却下
		相続税の延納処理状況等						相続税の物納処理状況等			
H元	24,179	11,097	25,443	6,497	222	H元	515	977	97	238	3
H2	37,073	18,977	29,824	2,134	198	H2	1,238	1,333	459	287	1
H3	47,360	24,214	42,206	2,564	213	H3	3,871	5,876	532	534	7
H4	35,936	12,197	33,983	2,277	308	H4	12,778	15,645	2,113	1,131	9
H5	33,395	12,256	34,511	2,016	191	H5	10,446	11,081	6,684	3,642	3
H6	26,805	9,783	28,356	1,638	237	H6	(内)7,268 16,066	(内)7,545 14,823	8,749	3,788	28
H7	19,694	6,587	20,622	1,409	263	H7	8,488	6,610	9,185	2,905	22
H8	15,629	5,361	15,544	1,315	220	H8	6,841	4,654	6,240	2,723	34
H9	13,170	4,220	12,539	1,050	198	H9	6,258	4,340	4,973	2,118	29
H10	11,534	3,286	10,871	861	204	H10	7,076	4,606	4,546	1,832	20
H15	8,333	2,404	8,196	477	93	H15	4,775	2,321	4,545	1,687	28
H20	3,030	1,053	2,511	443	75	H20	698	564	704	149	27
H25	1,304	442	1,011	325	37	H25	167	79	132	38	29
H30	1,289	579	890	320	47	H30	99	324	47	16	12
R元	1,122	459	757	324	51	R元	61	186	72	12	2
R2	849	311	718	239	17	R2	65	84	53	14	6
R3	1,095	490	783	234	20	R3	63	75	39	12	10
R4	1,086	484	856	247	9	R4	52	91	54	6	2
R5	1,149	533	864	316	21	R5	23	53	16	5	4

㊟　平成6年度の物納申請件数及び申請金額の内書きは特例物納の計数です。

　平成元年から令和5年までの物納申請件数は112,639件、許可件数は

79,463件、取下げ等は32,935件、却下は733件となっています。申請件数に対する許可件数の割合は、70.5％となっています。物納許可割合が70％以上であることから、物納が認められにくいとは思えません。ただ、物納手続に多くの労力と相当な時間を要することは否めません。

● 物納財産の種類別内訳

（金額単位：百万円）

	土地		建物		有価証券		その他		合計	
	物件数	金額	物件数	金額	物件数	金額	物件数	金額	物件数	金額
平成24年度	456件	9,244	15件	177	54件	8,712	36件	150	561件	18,283
平成25年度	302件	5,025	4件	94	3件	303	－	－	309件	5,421
平成26年度	230件	4,601	4件	11	7件	21,865	－	－	241件	26,476
平成27年度	109件	2,440	－	－	13件	119	－	－	122件	2,559
平成28年度	174件	3,142	4件	85	146件	2,170	2件	1,002	326件	6,400
平成29年度	134件	2,127	－	－	37件	594	－	－	171件	2,721
平成30年度	55件	1,190	－	－	88件	26,836	－	－	143件	28,025
令和元年度	95件	2,151	2件	5	288件	18,399	－	－	385件	20,554
令和2年度	44件	748	3件	10	71件	5,826	－	－	118件	6,584
令和3年度	70件	1,350	－	－	31件	3,150	1件	94	102件	4,594
令和4年度	40件	1,053	－	－	220件	8,484	21件	478	281件	10,016

(注) 各年度の数値は、相続税の物納の実績を示したもの。

（出典：国税庁統計年報書：国税徴収、国税滞納、還付金）

 従来は物納の大半は土地で占められていましたが、平成29年4月1日以降の物納申請分から、上場株式等の順位が第一順位とされたことから、平成30年度以後の物納は金額ベースで判定すると上場株式等の物納件数及び金額が主となっています。

著者略歴

山本 和義（やまもと　かずよし）（税理士・行政書士・CFP）

昭和27年　大阪に生まれる
昭和57年　山本和義税理士事務所開業
平成16年　山本和義税理士事務所を税理士法人FP総合研究所に改組。代表社員に就任
平成29年　税理士法人FP総合研究所を次世代へ事業承継し、新たに税理士法人ファミリィ設立。代表社員に就任

主な著書

『相続財産がないことの確認』（共著：TKC出版）

『遺産分割と相続発生後の対策』（共著：大蔵財務協会）

『生命保険の基礎知識と活用法』（共著：大蔵財務協会）

『タイムリミットで考える相続税対策実践ハンドブック』（清文社）

『立場で異なる自社株評価と相続対策』（清文社）

『上場株式等の相続と有利な物納選択』（共著：清文社）

『特例事業承継税制の活用実務ガイド』（実務出版）

『改訂版　専門家としての遺言書作成、生前贈与、不動産管理法人、生命保険の活用による税務実務』（大蔵財務協会）

『相続実務に影響のある税法以外の改正のポイント』（大蔵財務協会）

『税理士が知っておきたい　相続発生後でもできる相続対策』（新日本法規）

『遺産整理業務実戦ガイド』（共著：清文社）

『相続発生後の3つの対応策～単純承認・相続放棄・限定承認の選択のポイントと活用法』（大蔵財務協会）

遺言書作成提案と遺産分割の工夫による相続税対策

令和 6 年12月 3 日　初版印刷
令和 6 年12月19日　初版発行

```
┌──────┐
│不　許│
│複　製│
└──────┘
```

著　者　山　本　和　義

　　　　　　　　（一財）大蔵財務協会　理事長
発行者　木　村　幸　俊

発行所　一般財団法人　大 蔵 財 務 協 会
　　　　〔郵便番号　130-8585〕
　　　　東京都墨田区東駒形1丁目14番1号
　　（販　売　部）TEL03(3829)4141・FAX03(3829)4001
　　（出版編集部）TEL03(3829)4142・FAX03(3829)4005
　　　　https : //www.zaikyo.or.jp

印刷　恵友社

乱丁・落丁はお取替えいたします。
ISBN978-4-7547-3295-0